ATLANTIS

Das verborgene Wissen der Welt

BASTEI
LÜBBE

ATLANTIS

wird herausgegeben von
Dr. Hans Christian Meiser.

Über den Autor:

Josef Karl, Schüler von Josef Angerer, praktiziert seit 1962 als selbständiger Heilpraktiker in München. Er ist Spezialist für Phytotherapie (Pflanzenheilkunde) und als solcher Mitglied der Kommission für Phytotherapie des Bundesinstituts für Arzneimittel in Berlin.

ATLANTIS

Josef Karl

Heilgeheimnisse der Natur

Gesund durch die richtige Lebensweise

BASTEI
LÜBBE

BASTEI-LÜBBE-TASCHENBUCH
Band 70142

Erste Auflage: November 1999

Originalausgabe
© 1999 by Bastei-Verlag Gustav H. Lübbe GmbH & Co.,
Bergisch Gladbach
Printed in Germany
Einbandgestaltung: Wustmann & Ziegenfeuter, Dortmund
Satz: Textverarbeitung Garbe, Köln
Druck und Bindung: Ebner Ulm
ISBN 3-404-70142-9

Sie finden uns im Internet unter
http://www.luebbe.de

Inhaltsverzeichnis

Vorwort

Die *Natur* hat immer recht – wenn der Mensch in *Einklang* mit ihr und nicht gegen sie lebt, wird es ihm gutgehen. Die Chinesen sagen: »Wer die Gesetze der Natur verletzt, wird unglücklich.«

Wir stützen uns bei der *Gesundheitsvorsorge* auf die *fünf Säulen der Naturheilkunde:*

- Licht
- Luft
- Wasser
- Bewegung
- Ernährung

Auf diese *Grundpfeiler* wird in diesem Buch eingegangen (Hautpflege, Atemübungen, Sonnenbäder, Kneippsche Therapie, Gymnastik und Bewegungsprogramm, Diäten).

Was den Menschen im einzelnen betrifft, so werden die *fünf Grundfunktionen seines Organismus* dargelegt:

- Appetit
- Stuhlgang
- Schlaf
- Das Seelische
- Sexuell-hormonelles Gleichgewicht

Man kann davon ausgehen, daß man sich wohlfühlt, wenn diese in Ordnung sind. Folglich wird auch darauf im einzelnen genau eingegangen. *Pflege dieser Grundfunktionen ist also echte Gesundheitsvorsorge.*

Das Buch entstand nicht am grünen Tisch. Der Verfasser kann in seiner Naturheilpraxis seit fast vierzig Jahren sehen, worauf es ankommt, wenn man gesund werden und gesund bleiben will.

Einleitung

Der bekannte Arzt Dr. med. Peter Beckmann, Sohn des Malers Max Beckmann und Begründer der Ohlstädter Kur (bei Murnau/Obb.), sagt:

»Der Erfolg der Bemühungen der Medizin ist bisher nicht erheblich. Der Krankenstand steigt, die Zahl der Herzinfarkte steigt, die Kosten für die Behandlung steigen.« Und weiter: »Der Erfolg der Bemühungen der Medizin ist ein Mißerfolg trotz – möglicherweise sogar wegen – dieser ungeheuren Aufwendungen, die den Menschen in einer gewissen Sicherheit wiegen und seine Gesundheit als ein erwerbbares oder verordenbares Gut erscheinen lassen.«

Wenn Sie mit Ihrer (einer) Krankheit durch alle Instanzen gegangen sind (Hausarzt, Facharzt, Klinik, Heilpraktiker), so werden Sie eine wichtige Erfahrung gemacht haben: nämlich die, daß Sie in vielen Fällen verlassen sind, wenn Sie sich nicht selbst helfen können.

Daß Sie von heute an *mehr darüber wissen,* was *Sie selbst tun können,* um Ihre Gesundheit *nicht erst zu verlieren,* sondern den einfacheren, leichteren *Weg des Vorbeugens* zu gehen – dafür ist dieses Buch geschrieben.

Sein Motto ist ein chinesisches Sprichwort:

> *Wer die Gesetze der Natur verletzt,*
> *wird unglücklich.*

Wie man krank wird
und wie man gesund bleibt

Selbst die kleinste Handlung, scheinbar einfach,
betrachtet mit Mißtrauen! Untersucht, ob es nötig ist,
besonders das Übliche! Wir bitten euch ausdrücklich,
findet das immerfort Vorkommende nicht natürlich!
Bertolt Brecht

»Von nichts kommt nichts«, sagt ein altes Sprichwort, und wenn ein Mensch eine Krankheit bekommt, dann geht häufig eine länger dauernde Belastung – meistens sogar mehrere gleichzeitig – voraus. Man kann in einem Kernsatz geradezu sagen: Wenn mehrere Faktoren das oberste und wesentlichste Steuerungsorgan des menschlichen Organismus, nämlich das vegetative Nervensystem, über einen längeren Zeitraum ständig ermüden, dann muß eine Krankheit geradezu zwangsläufig ausbrechen. Es ist also nicht nur eine Ursache, die letzten Endes Krankheiten erzeugt, sondern vielmehr das Zusammentreffen mehrerer Ursachen über einen längeren Zeitraum hinweg.

I
Zehn Faktoren, die das vegetative Nervensystem belasten und chronisch müde machen

1. Seelische Belastungen (Ärger, Kummer, Leid etc.).
2. Falsche Ernährung über längere Zeit.

3. Chronische Infektionsherde im Körper (Zähne, Mandeln, Nebenhöhlen, Darm etc.).
4. Genußmittelmißbrauch (Nikotin, Alkohol, Kaffee, schwarzer Tee, Rauschdrogen).
5. Belastung durch chemische Stoffe (stark wirkende chemische Arzneimittel, Fremd- und Schadstoffe in den Lebensmitteln wie Konservierungsmittel, Farbstoffe, Hormone, Antibiotika, giftige Abgase in der Luft, z.B. Auto-, Industrie-, Heizungsgase, Ozon).
6. Größere Temperaturschwankungen, übermäßige Hitze, länger dauernde Auskühlung, länger anhaltende Durchnässung, starke Kältereize, andauernde Feuchtigkeit; Reizfelder der Erde (z.B. Schlafen auf einer Wasserader).
7. Ständiges Schlafdefizit.
8. Andauernder Bewegungsmangel.
9. Umweltstreß (Lärm, Hetze).
10. Soziale Belastungsfaktoren (ungünstiger Arbeitsplatz, schlechte Witterungsverhältnisse, einseitige Berufsareit).

II
Die ersten harmloseren Symptome chronischer Überlastung (Übermüdung)

1. Kribbeln, Ameisenlaufen oder Einschlafen der Hände.
2. Immer wieder auftretender ungeformter und schmieriger, stinkender Stuhlgang (Darmfäulnis).
3. Schlafstörungen.
4. Häufig sich wiederholende Angstträume.
5. Nieskrämpfe und übermäßiges Gähnen.

6. Ständiges Frieren (kalte Hände, kalte Füße ohne besonderen Grund).
7. Grundloses Schwitzen (feuchte Hände, übermäßiger Achselschweiß).
8. Muskelzuckungen, anhaltendes Unterlidzucken.
9. Knacksen von Gelenken.
10. Gefäßschwäche: »absterbende« Finger, plötzlich auftretende und wieder verschwindende rote Flecke am Hals und im Gesicht.
11. Schleimhauttrockenheit.
12. Chronische Stuhlverstopfung.

Übergeht man diese ersten Anzeichen und kann die Ermüdungsfaktoren nicht abbauen und reduzieren (Arbeitsverringerung, Urlaub, erholsames Wochenende, bessere Einstellung zu den Lebenswirklichkeiten), dann kommt es innerhalb weniger Monate zu ernsteren, sich an die Gruppe II anschließenden Symptomen, die den Übergang von Übermüdung zu Erschöpfung ankündigen.

III
Übergang von Ermüdung zu Erschöpfung

1. Dauernde Müdigkeit (schon morgens und auch nach Erholungstagen).
2. Dauernde Schlaflosigkeit.
3. Ständig wiederkehrende Neigung zu Katarrhen, Erkältungen, Infektionen, Entzündungen (Mandelentzündungen).
4. Rheumatische Erscheinungen, Morgensteifigkeit.
5. Ständige Nervosität; andauernde Reizbarkeit.
6. Depressionen.

7. Sogenanntes Herzstolpern (Herzunregelmäßigkeit ohne organischen Hintergrund, Herzgefühl ohne organische Erkrankung).
8. Wiederkehrende Kopfschmerzen, andauernder Schwindel.
9. »Schlechtes Aussehen«.

Das sind schon Alarmzeichen! Jetzt ist der Ausbruch einer handfesten Krankheit (Bronchitis, Mandelentzündung, Lungenentzündung, Venenentzündung, Magenschleimhautentzündung, Kreislaufkollaps, Herzinfarkt) nur noch eine Frage der Zeit und weiterer Belastungen. Wenn nun noch ein unvorhergesehener Schicksalsschlag zu den unter I aufgeführten Faktoren tritt, dann kann es sehr schnell zu einer sogar lebensbedrohlichen Situation kommen.

Was soll getan werden, um eine chronische Übermüdung des vegetativen Nervensystems als oberster Leitzentrale zu verhindern? Die Sache ist jetzt ganz einfach: Möglichst viele Punkte, die unter I aufgeführt sind, müssen bereinigt werden.

1. Da seelische Belastungen nicht einfach aus der Welt zu schaffen sind, muß man sich um eine neue Einstellung zu den Dingen bemühen. Durch autogenes Training, Entspannungs- und Atemübungen, Meditation und Gebet kann man es möglich machen, Leid, Kummer und Sorgen besser zu ertragen. Urlaub und Milieuveränderungen sind heilsam – in äußersten Fällen muß sogar ein Berufswechsel ins Auge gefaßt werden.
2. In drei Punkten kann aufgezeigt werden, welche Nahrungsmittel nicht ermüden, welche mäßig und welche stark ermüden – und eben über diese chronische Ermüdung ein ständiger Belastungsfaktor werden können:

a) *Nicht ermüdende Ernährung*

Kräutertees, Frucht- und Gemüsesäfte, Milch, Sauermilchprodukte, Getreide, mageres Fleisch (gekocht; ausgenommen Mastfleisch), Honig, Rohkost (Salate, Rohgemüse, gekochtes Gemüse, Öle, Knäkkebrot, magerer Fisch (gekocht), Obst, Trockenobst.

b) *Mäßig ermüdende Ernährung*

Kompotte, Teigwaren, Konservennahrung, Weichkäse, Bier und Wein in kleinen Mengen, grobes Vollkornbrot, frisches Brot, Weißmehlprodukte, Pilze und Nüsse, Kohlsorten, Hülsenfrüchte, Butter (nicht heiße), Eier, Rahm, Kartoffeln, Marmeladen, Gelees (soweit ungezuckert und ohne chemische Zusatzstoffe).

c) *Stark ermüdende Ernährung*

Süßigkeiten (Zucker, Schokolade, Pralinen, Bonbons, Kuchen und Torten), fettes Fleisch in jeder Form, fette Wurst sowie grundsätzlich Gebratenes und Gebackenes (mit erhitztem Fett Zubereitetes), Teigwaren in Fett oder Öl erhitzt (Omelett, Pfannkuchen, Krapfen), Hartkäsesorten, kalte Getränke, Eis, unzureichend gekochtes Gemüse (insbesondere Hülsenfrüchte), Spirituosen (Schnäpse, Liköre), erhitzte Fette und Öle, Mayonnaise, Schlagsahne, Pudding, Süßspeisen als Nachtisch, Pommes frites, Geräuchertes.

3. Die Zähne müssen bei Herdverdacht geröntgt werden, die Nebenhöhlen ebenso (Kiefer- und Stirnhöhle); notfalls müssen Zähne, die auf Eiter sitzen bzw. tot sind, entfernt und die Nebenhöhlen behandelt werden. Sprechen chronisch entzündete Mandeln auf die üblichen Behandlungsmethoden nicht an, bleibt im äußersten Fall noch die Entfernung.

4. Das Rauchen von einem Tag zum anderen ganz auf-zuhören, ist oft leichter als statt dreißig nur noch sieben Zigaretten zu rauchen. Es geht nicht darum, daß man gar keinen Alkohol, gar keinen Kaffee und gar keinen schwarzen Tee trinkt: Die Menge macht's bekanntlich!

5. Ein eigener Garten, in dem nicht gespritzt und chemisch gedüngt wird, sorgfältiger Einkauf der Lebensmittel und sogenannte Sauerstofftage am Wochenende durch Wan-dern in reiner Luft sind die einzigen Möglichkeiten, den Schädigungen der Hochzivilisation annähernd zu entge-hen.

6. Stundenlanges In-der-Sonne-Liegen ist ebenso schädlich wie Auskühlung, Durchnässung und falsch verstandene Abhärtung. Bei Verdacht auf Erdstrahleneinwirkung muß notfalls, um diesem Punkt gerecht zu werden, ein Wünschelrutengänger feststellen, ob man auf einem so-genannten Reizfeld (Wasserader, Erdverwerfung) arbei-tet und schläft. Sogenannte Entstörungsapparate sind nicht immer hilfreich; das zuverlässig beste wäre – wenn irgend möglich – ein Platzwechsel.

7. Der Zivilisationsmensch hat zum größten Teil einen ver-schobenen Schlafrhythmus: Er geht zu spät ins Bett (Fernsehen, Kino) und steht zu spät auf. Der Schlaf vor Mitternacht jedoch wiegt fast doppelt! Wenige Men-schen können es sich auf die Dauer leisten, unter sieben bis acht Stunden zu schlafen.

8. Ein eigener Garten, die Wiederaufnahme einer sportli-chen Tätigkeit (Spazierengehen gilt erst ab 70!), körper-liche Arbeit generell, Wandern, Schwimmen, Skifahren: Auch wenn es anstrengt, es entmüdet das vegetative Nervensystem. Alle acht Tage eine gründliche Schwitz-kur.

9. Dem täglichen Lärm zu entgehen, wird schwer sein. Der Hetze wird man auch kaum entfliehen können. Es ist

manchmal ein unerhörter Bewußtseinsprozeß, bis man im Laufe von Jahren einsieht, daß manches nicht so dringend, manches nicht so wichtig ist, wie wir uns heute alle einreden; daß man ohne Hetze mehr leistet und fehlerfreier arbeitet als mit ihr.

10. Die eingreifenden sozialen Belastungsfaktoren: Das ist wohl das Schwierigste und steht nicht zu Unrecht an letzter Stelle. Es sei aber hier nochmals gesagt, daß der Mensch mit einer, zwei oder drei Belastungen leben kann, oft über unglaublich lange Zeit und ohne krank zu werden. Kommt aber – und das ist der Kernpunkt – eine Vielzahl von Belastungsfaktoren zusammen, so hält er das nicht lange aus.

Zusammenfassung

Es geht also nicht darum, daß wir einen belastungsfreien Glaskasten wünschen, in dem wir gemächlich sitzen können (das wäre auch eine Belastung!), sondern es geht darum, die Belastungen des vegetativen Nervensystems so gering wie gerade möglich zu halten. Das sichert uns Gesundheit und – wenn das Schicksal es zuläßt – ein langes Leben. Ehe wir die verschiedenen Faktoren einzeln und ausführlich besprechen, betrachten wir uns Lebensläufe und Lebensgewohnheiten von Menschen, die relativ gesund ein hohes Alter erreicht haben: Wir können eine Menge davon lernen.

Wie die Hundertjährigen gelebt haben

Der Würzburger Architekt Ignaz Schmitt, der seit Jahren in ganz Europa herumfuhr, um uralte Menschen zu zeichnen und zu interviewen, kam in einem Altersheim in Le Mans auch zur ältesten Französin, Madame Ernestine Compain. Sie wurde 1865 geboren und war 114 Jahre als sie starb. Sie war Schneiderin und nähte noch bis zu ihrem hundertsten Lebensjahr. Die alte Dame lebte stets einfach: viel Arbeit, kein Urlaub! Fleisch gab es in ihrem Elternhaus nur sonntags. 1890 heiratete sie, seit 1908 war sie Witwe; sie hatte auch ihre beiden Töchter beerdigen müssen. Zwei Enkel und elf Urenkel besuchten sie im Altersheim.

Frankreichs älteste Frau langweilte sich nicht – sie ging im Garten spazieren, erfreute sich an Blumen und dem Gezwitscher der Vögel. Sie verstand für ihr hohes Alter noch liebenswürdig zu plaudern. Erstmals mußte sie in ihrem Leben als Hundertjährige ärztliche Hilfe wegen einer Grippe in Anspruch nehmen! Mit 110 ließ die Sehkraft nach! Auf die Frage, was sie so alt habe werden lassen, meinte sie, sie hätte sich nie darum gekümmert, das wisse wohl nur der Herrgott.

Welche Antworten geben Hundertjährige, wenn man sie nach dem »Rezept« für ihr Alter fragt?

Hier einige Beispiele aus Schmitts Buch *Hundertjährige:*

- Einfache Lebensweise, viel geistige und körperliche Arbeit, bis ins hohe Alter Radfahren und eine heitere Lebensauffassung.
- Einfache Lebensweise und geistige sowie körperliche Betätigung.
- Einfache, mäßige Kost, nie geraucht, heitere Gelassenheit.
- Trotz schwerer Schicksalsschläge nie unzufrieden sein und die anstehenden Arbeiten nicht vernachlässigen.
- Einfache und arbeitsreiche Lebensführung, Geborgenheit und liebevolle Pflege durch Angehörige.
- Viel arbeiten und rege Teilnahme am Leben.
- Wer rastet, der rostet. Stets mit Humor und froher Stimmung an die Arbeit gehen.
- Ein normales Leben führen, sich viel in der frischen Luft bewegen und das Weltgeschehen mit Interesse verfolgen.
- Nie müßig und still sitzen, sondern stets mitten im Leben stehen und mit der Jugend Fühlung halten.
- Alles mit Maß und Ziel.
- Viel arbeiten, wenig essen und mit heiterer Gelassenheit durchs Leben gehen.

Wenn man die Befragungen und Untersuchungen Hundertjähriger zusammenfaßt, kommt man auf erstaunliche »Rezepte«:

- Sie waren bis *zuletzt am Tagesgeschehen äußerst interessiert.*
- Sie zeigten *Humor und Zufriedenheit.*
- Sie haben *immer viel – und meist bis zuletzt – gearbeitet.*
- Sie hatten neben ihrer Arbeit immer auch *Steckenpferde* und kannten somit *keine Langeweile.*
- Sie waren *ständig und viel in Bewegung* (Gartenarbeit, überhaupt jegliche Art von körperlicher Arbeit, Wandern, Bergsteigen, Sport, Radfahren, Spazierengehen).

- Sie haben *in allen Lebensgewohnheiten* Mäßigkeit gezeigt.
- Sie haben vor allem *mäßig gegessen und getrunken.*
- Sie waren *im Rauchen – falls sie es überhaupt taten – sehr sparsam* (früher rauchte man nur Pfeife oder Zigarren, Zigaretten so gut wie nie); rauchende Frauen befinden sich keine unter den Hundertjährigen.
- Sie haben durchaus ein Gläschen Wein, ein Bier oder auch ein Schnäpschen getrunken – aber eben immer mit äußerster Mäßigkeit: *Es gibt keine Trinker unter den Hundertjährigen.*

Wichtige Erkenntnis aus allen diesen Untersuchungen: Es gibt kein Geheimrezept, sondern nur eine Beachtung dieser einfachen und wichtigen Dinge. *Und was fast immer dazukommen muß – aber was man nicht in der Hand hat: alt gewordene Vorfahren. Denn langes Leben ist meistens erblich vorgezeichnet.*

Man beachte jedoch: *Günstige Erbvoraussetzungen sind kein Freibrief für ungesunde Lebensweise* – sie allein nützen wenig! Andererseits können Erbschäden durch lebenslang vernünftiges Verhalten erstaunlich überwunden werden.

Bei einer Analyse der *Lebensgewohnheiten von Hundertjährigen* aus dem Balkan ergab sich:

1. Die Eltern waren häufig alt (Erbfaktor).
2. Einfach gegessen, natürlich und mäßig.
3. Immer körperlich gearbeitet – aber ohne Dauerstreß.
4. Eine gelassene Gemütslage, Humor und Zufriedenheit.

In vielen Beispielen zeigt sich immer wieder die Wichtigkeit dieser einfachen Grundregeln.

Der amerikanische Sportmediziner Prof. Ernst Jokl stellt zwei Grundsätze heraus:

1. Körperliches Training bewirkt, daß die Leistungsfähigkeit im Alter langsamer zurückgeht, als täte man nichts.
2. Körperliches Training schützt im Alter vor Herzinfarkt, Fettsucht und Bluthochdruck.

»Fett« und »Fitneß« schließen sich gegenseitig aus!

Nie untätig werden! Nie die Vorstellung aufkommen lassen: Jetzt habe ich bis zur Pensionierung ständig gearbeitet, jetzt reicht es! Der Pensionierungsschock tritt ja hauptsächlich wegen des abrupten Wechsels von 40- oder 50jähriger Berufstätigkeit zum plötzlichen Nichtstun auf! Man denke nur an die ständige Aktivität bis ins höchste Alter, z.B. bei dem italienischen Maler Tizian, der im neunten Lebensjahrzehnt sein bedeutendstes Selbstbildnis schuf, an den Maler Picasso, an den Dichter G. B. Shaw, an den englischen Friedenskämpfer und Nobelpreisträger Russell. Auch hier paßt – wie immer – ein Wort von J. W. von Goethe: »Wenn man alt ist, muß man mehr tun, als da man jung war.« Der ältere Mensch *fördert seine Gesundheit durch fordern.* Man sagt oft in der Medizin: Der Mensch ist so alt wie seine Gefäße – daraus würde sich ergeben: *Kreislaufpflege durch Bürsten, Wechselduschen, Schwimmen, Gymnastik, Sport, Wandern.*

Der körperlich trainierte Mensch behält seine Anpassungsfähigkeit im Alter – er hat im Gegensatz zum untrainierten noch Reserven, um Belastungen standzuhalten. Lebenslange Aktivität verschiebt den unvermeidlichen Leistungsknick in höhere Altersstufen!

Vor allem ist das *Ausdauertraining* wichtig: *lange* Spaziergänge, *lange* Wanderungen, *längeres* Radfahren, evtl. *längeres* Rudern, langsame, aber längere *Dauerläufe.* (Es gibt viele Berichte, nach denen 70- bis 80jährige bei Volksläufen über 10 bis 30 km hervorragende Ergebnisse erzielten!) Der *Lauf* ist die einfachste und natürlichste Sportform.

Ungeeignet hingegen sind Übungen, bei denen *gepreßt* wird: Klimmzüge, Liegestütze, Expander- und Hantelübungen (Gewichtheben).

Nichts erzwingen wollen – und Mäßigkeit in allen Dingen! Man kann es immer wieder sehen: Trainierte ältere Menschen wirken jünger als untrainierte.

Die *Nahrung* soll im Alter *viel* Eiweiß (Milchprodukte, Soja) enthalten, *wenig* Fett, dagegen oft Obst und Gemüse (Vitamine)! *Sie soll insgesamt knapp sein;* wenig Alkohol und am besten gar kein Nikotin.

Wir sollten uns immer wieder vor Augen halten: Die Alten hielten oft keine spezielle Diät, waren aber *immer mäßig* im Essen und Trinken. Sie haben kaum vegetarisch gelebt, doch *wenig Fleisch* konsumiert. (Fleisch enthält durch seinen hohen Harnsäureanteil ein Kapillargefäßgift. Man sieht es schon bei relativ jungen Metzgern und Gastwirten an den Wangen-Backen-Äderchen). *Die Alten waren nicht dick,* waren häufig langsame Esser, legten oft großen Wert auf Auswahl und Zubereitung der Speisen, haben zwar gelegentlich geraucht – aber *kaum Zigaretten und nie allzuviel,* haben zwar ab und zu Alkohol genossen – besonders Rotwein, aber immer nach dem Motto »regelmäßig, aber mäßig, *sind meist zu Fuß gegangen* oder mit dem Rad gefahren und hatten genügend körperliche Bewegung – haben allerdings fast nie Leistungssport getrieben, haben häufig ein ausgeglichenes familiäres Leben im Kreise der Kinder und Enkel geführt, *sind von Schicksalsschlägen durchaus nicht verschont* geblieben, haben zwar Tempo und Betriebsamkeit gekannt – aber doch *selten den Dauerstreß,* haben »die Hände nie in den Schoß gelegt« – und haben *doch einen Feierabend und einen Sonntag eingehalten,* haben sich oft für Menschen und Dinge stark engagiert und durchaus das Glücksgefühl gewonnen, für andere etwas getan zu haben, haben oft mit *erstaunlicher Akkuratesse und Genauigkeit gelebt.*

Aus Rüben, Mais, Bohnen und Kartoffeln besteht das Hauptgericht von alten Leuten in Ecuador (Südamerika). Sie essen nur sehr wenig Fleisch und im Durchschnitt 1 700 Kalorien (gegenüber 3 500 in Industrieländern); Kräutertee und einheimischer Rum sind ihre Getränke.

Russen in der Dagestanischen Republik, die über hundert werden, essen sehr viele Wildkräutergerichte. Tee wird getrunken aus Johanniskraut, Origanum, Bohnenkraut und Rosenblättern.

In Äthiopien wird das Hauptgericht aus Teff bereitet, einer getreideähnlichen Grassamenart, und mit scharfer Gemüsesauce gegessen.

In Aserbeidschan wird man besonders alt: Das Klima (milde Sommer, kalte Winter, saubere Luft), Arbeit im Freien und die Ernährungsweise gelten als Mitgründe. Gegessen wird Milch, selbstgemachte Butter, Käse, Joghurt, Gemüse, Fleischsuppen (Hammel und Huhn) und nach Landessitte viele frische Kräuter.

Der älteste Europäer starb mit 126 Jahren auf Kreta: Ein Kleinbauer, dessen Welt sein Dorf war, in dem er immer hart gearbeitet und einfach gelebt hatte: Vor Beginn seiner Arbeit betete er stets. Fleisch gab es nur an hohen Feiertagen, etwa dreimal im Jahr. Die Hauptnahrung bestand aus Ziegenmilch und selbstgemachtem Käse, dazu Salate und Gemüse – nie ohne Olivenöl, dem er sein Alter hauptsächlich zuschrieb. Butter kannte er nicht. Nur selten trank er ein Gläschen Wein, der statt mit Schwefel mit Harz behandelt war. Geraucht wurde nicht. Sein Steckenpferd fand er im Garten, wenn er sich um die Blumen kümmerte. Sein Wunsch war: »Hoffentlich schenkt mir der Herrgott noch ein paar Jährchen.«

Der Würzburger Altersforscher Prof. H. Franke meint, daß *verschiedene Faktoren zusammenkommen müssen, damit ein Mensch alt wird.* Zu 63 Prozent sei die *Erbanlage von der Fami-*

lie her entscheidend. Wahrscheinlich lasse aber auch ein bis in das höchste Alter tätiger Geist den Körper langsamer altern. Faktoren *wie Übergewicht, starkes Rauchen und zu wenig Bewegung* beschleunigen das Altwerden. Franke warnt vor einer unkritischen Behandlung alter Menschen mit Medikamenten. Der Forscher gibt älteren Menschen den Rat: »Gebraucht keine Medikamente, solange eine andere Therapiemöglichkeit besteht.« Wegen der verminderten Verträglichkeit im höheren Alter ist die Behandlung mit besonderen Risiken verbunden. Ältere Menschen reagieren auf Medikamente empfindlicher als jüngere!

In den letzten Jahrzehnten erreichten auch in der Bundesrepublik immer mehr Menschen die Hundertergrenze. Unter den *Hochbetagten sind wesentlich mehr Frauen als im Durchschnitt der Gesamtbevölkerung* (zwei- bis dreimal mehr).

Es gibt, wie immer wieder aus den Untersuchungen hervorgeht, *keine spezielle Diät, die ein langes Leben garantiert.* Anzeichen, daß besonders alt werde, wer jahrzehntelang Honig, Knoblauch oder Kefir esse, sind nicht zu erkennen. Bei den befragten Hundertjährigen waren vielmehr Kaffee oder Tee und etwas Alkohol durchaus beliebt. Etwa ein Drittel der Männer waren sogar mäßige Zigarren- oder Pfeifenraucher, allerdings gab jeder zweite von ihnen später das Rauchen auf. Alle verheirateten Hundertjährigen hatten bis zum 80. Lebensjahr ein mäßiges Sexualleben geführt.

Im allgemeinen hatten die Uralten in Krisen- und Kriegszeiten zwar manche Belastung durchstehen müssen, bedrohlichen Risiken aber waren sie durchaus aus dem Weg gegangen. Die meisten von ihnen hatten ein arbeitsreiches, mühevolles Leben gehabt, jedoch eines ohne ständige Überlastung und immer mit den notwendigen Ruhepausen.

*Die Hundertjährigen weisen häufig darauf hin,
daß sie zeitlebens in allen Dingen Maß gehalten,
bescheiden, solide und vor allem geregelt gelebt
und sich besonders im Essen und Trinken
zurückgehalten haben.*

Die meisten Hundertjährigen sind untergewichtig!

Die hundertjährigen Frauen waren früher vorwiegend Hausfrauen oder Hausangestellte gewesen; die Berufe der Männer reichten vom Landarbeiter bis zum Universitätsprofessor. Von 177 Untersuchten waren 58 Rüstige voller Lebensfreude und 74 Personen, die trotz der mäßig eingeschränkten Lebendigkeit vieles noch selbst machen konnten, allerdings wegen anderer Gebrechen meist in der Wohnung bleiben mußten; die anderen 45 waren bettlägerig.

Ein interessanter Aspekt wurde von Bonner Altersforschern an den Lebensdaten von 2 000 bundesdeutschen Hundertjährigen herausgefunden: Auffallend viele waren im Februar und März geboren, während Juni und Juli am Ende der Skala rangierten.

Die *Uralten in Bulgarien* haben in ihrer Ernährung eine Vorliebe für Milchprodukte, Trauben, Äpfel, Wein, Gurken, Zwiebeln und Knoblauch. Sie sind alle ausgesprochene Esser von Sauermilch, Joghurt und Käse. Eine wichtige Rolle in ihrem Ernährungsplan spielen Vollkornbrot, Blatt- und Wurzel- und Knollengemüse, Sauerkraut und Mais.

Kaukasische Untersuchungen ergaben im wesentlichen vier Grundelemente fürs Altwerden:

1. *Die Alten stammen aus Familien, in denen hohes Alter normal ist.* Eine Erbprogrammierung scheint gegeben. Die Veranlagung zum Altwerden vererbt sich weiter.

2. Eine bestimmte *charakterliche Veranlagung* ist sehr ausgeprägt: Freundlich und ausgeglichen, schimpft man im Kaukasus nicht mit den Kindern, streiten sich die Eheleute nicht andauernd, und man regt sich nicht über die Maßen über andere Menschen auf. Diese *innere Harmonie* scheint sehr viel mit dem Geheimnis des langen Lebens zu tun zu haben.

3. *Die Alten sind aktiv!* Sie arbeiten auf den Feldern, reiten und jagen und tanzen auf den Festen. Allerdings – so aktiv sind sie nur, solange sie in ihren Dörfern leben, sich im Kreis ihrer großen Familien geborgen fühlen und wegen ihres Alters hoch geehrt werden. Sechzehn Hundertjährige, die in die Schwarzmeerstadt Sichumi »verpflanzt« wurden, scheiterten alle an der 105-Jahres-Grenze!

   Dürfen sie in ihrer Heimat unter ihresgleichen bleiben, dann vollbringen sie geradezu Wunder an Aktivität und Lebensfreude. Die hundertjährigen Männer sind auch noch durchaus an Erotisch-Sexuellem interessiert, auch wenn sie in Gegenwart von jüngeren nicht darüber sprechen.

4. *Die Lebensumstände sind einfach,* ländlich. Geschlafen wird in harten Betten mit dünner Wollmatratze und im kühlen Raum, nie über 17 Grad. Auch die Kleidung ist spartanisch: keine Verweichlichung durch zuviel Warmes.

Ihr Essen ist ebenfalls einfach, aber abwechslungsreich. Besonders wichtig sind alle möglichen Sorten von Gemüse: Lauch, Lattich, Bohnen, Spinat, Sellerie, Petersilie, Radieschen, Rote Bete, Pilze – dazu alles, was man aus dem im Kaukasus angepflanzten Getreide machen kann. *Man sollte sich immer wieder vor Augen halten, daß die Nahrungsgrundlage jahrtausendelang das Getreide und nicht das Fleisch war!* Dann Milchprodukte, besonders Joghurt, saure Milch und Käse. Brot weniger, hingegen frischgebackene Fladen aus Getreidebrei, die sie mit roter Paprikasoße würzen.

Kaffee ist verpönt, dafür fließt der heimische Tee in Strömen – das ist eine Art von schwarzem Tee, der allerdings dort anders fermentiert wird als bei uns. Butter gibt es nicht, dafür Pflanzenöl. Walnußbutter hingegen wird von alten Menschen gern gegessen. Fleisch wird nie gebraten oder geröstet, sondern immer nur gekocht – und Schweinefleisch, selbst als Schinken oder Speck, ist tabu.

Als Delikatessen gelten in Honig eingelegte Walnüsse und die unvermeidlichen roten Paprikaschoten. Statt Wein trinken sie lieber Honigwasser; wenn es schon mal Alkohol sein muß, dann kippen die Alten ein Gläschen klaren Weinbrand, der aus Trauben gebrannt ist.

Offensichtlich hat die Kombination dieser Speisen viel mit dem langen Leben der Leute im Kaukasus zu tun. Wenn man dies einmal vom gesundheitlichen Standpunkt aus betrachtet, so ergibt sich folgendes: *Das Getreide,* aus dem sie ihren Brei oder ihre Fladen bereiten, enthält – da das ganze Korn mit Schale verwandt wird – ein Öl, das gegen Arteriosklerose wirksam ist und einen hohen Cholesterinspiegel verhindert. Es schützt also das Herz vor Infarkt und die Arterien vor Verkalkung. Außerdem liefert Getreide genügend Eiweiß.

Sie essen nur *frisches Fleisch,* kannten und kennen keine Tiefkühltruhen. Das ist schon einmal ein Vorteil. Dann kochen sie ihr Fleisch nur und schütten die Brühe weg. Wir würden da sagen: Schade um die schöne Bouillon! In Wirklichkeit nehmen sie dadurch weniger Harnsäure auf – unter der bei uns heute schon jüngere Menschen leiden.

Die *frischen heimischen Gemüse,* die sie fast bei jeder Mahlzeit essen, enthalten alle lebenswichtigen Vitamine, die der Körper braucht. Und weil sie kein Weißbrot, keine Backwaren und kaum Kartoffeln essen, nehmen sie die dick machenden Kohlehydrate nicht zu sich. Daß sie Salami oder überhaupt Würste nicht schätzen, schützt sie vor unerwünschten tierischen Fetten. Dasselbe gilt für die Walnußbutter anstelle »richtiger« Butter, denn diese ist gut gegen Arteriosklerose und senkt den Cholesterinspiegel. Außerdem sind Walnüsse reich an Vitamin B, einem Nervenvitamin.

Ihr Tee ist ein Anregungsmittel für den gesamten Organismus, belebt den Kreislauf und den Stoffwechsel. Auch der mäßig genossene trockene leichte Landwein mit seinen Säuren scheint dem Körper nicht zu schaden, er wirkt verdauungsfördernd.

Saure Milch, Joghurt und Schafskäse versorgen den Organismus mit Eiweiß und haben eine verdauungsfördernde Kraft; die biologische Milchsäure wirkt sich günstig auf den gesamten Organismus aus. Sie ist in gewissem Maße desinfizierend.

Honig und Walnüsse sind hochwertige Energielieferanten und steigern mit dem *Paprika* den Hormonhaushalt. Das ist für Frische und Lebendigkeit insgesamt und auch für die sexuelle Potenz wichtig. Dem roten Paprika messen wissenschaftliche Untersuchungen einen Nebennierenhormonwert bei. Mit Recht sagen die Hundertjährigen vom Kaukasus: »Ohne roten Paprika ist das Leben nichts wert.«

Daß das Essen eine entscheidende Stütze beim Bau eines langen Lebens ist, sagt auch Prof. Dimitri Tschebotarew aus Kiew, ein bedeutender Altersforscher:

Langlebigkeit ruht auf vier Säulen:
Nummer 1 ist die Vererbung;
Nummer 2 muß eine strikte und strenge Diät sein;
Nummer 3 eine ständige, befriedigende Arbeit und
Nummer 4 ein ungestörter, ausgeglichener Lebensrhythmus.

Dann erläutert der Kiewer Forscher die *Kaukasusdiät: »Ein Mann nimmt da nicht mehr als 2 200 Kalorien pro Tag zu sich, eine Frau nicht mehr als 1 900.* Nach langen Untersuchungen weiß man, daß dies für das Leben über Sechzig genau das richtige ist. Außerdem ist die Kalorienaufnahme über den Tag verteilt günstig: 30 Prozent am frühen Morgen, 40 Prozent am Mittag, 30 Prozent am Abend.«

Freilich glaubt der Professor auch, daß das reine Wasser, die reine Luft – kurz *die nicht verschmutzte Umwelt* – im Kaukasus einen großen Beitrag dazu liefern. Eine Anzahl von Wasserquellen untersucht man, um zu sehen, ob sich vielleicht auch im Mineralstoffgehalt der Quellen etwas Besonderes zeigt. Prof. Tschebotarew: »Unsere Untersuchungen der Hundertjährigen haben gezeigt, daß sie alle ein Leben von *bemerkenswerter Regelmäßigkeit* geführt haben. Sie bleiben bei ihrer morgendlichen Aufstehzeit, sie schlafen immer gleich lang, waschen sich mit kaltem Wasser. Sie bleiben aktive Mitglieder der Familie und Gesellschaft. Nie haben sie das Gefühl, unnütz zu sein. Ihre Tradition schätzt sie um so höher, je älter sie sind.«

Man muß sich daran erinnern, wie bei uns oft Menschen mit 65 nach ihrer Pensionierung ohne Lebensinhalt und Lebensrhythmus einem schnellen Tod entgegengehen: Der Mangel an Aktivität, das Fehlen eines weiteren Lebensinhaltes tötet sie. *In Amerika sterben die meisten Männer im ersten Jahr nach der Pensionierung – in Deutschland nach dem zweiten und dritten Jahr.* Wenn man bedenkt, daß sich die meisten Männer ein Leben lang »auf die Zeit danach« freuen, wie sie sich vorstellen, dann endlich alles zu machen, und man gleichzeitig weiß, daß ein Mann in der Bundesrepublik oft nicht länger als drei Jahre nach dem 65. Geburtstag lebt, so entbehrt dies nicht einer gewissen Tragik.

Nun darf man sich nichts vormachen: Für einen normalen Europäer ist es nicht möglich, wie die Hundertjährigen im Kaukasus zu leben. Dazu fehlt vieles: gutes Klima, Höhenlage, reine Lebensmittel, erstklassiges Wasser, gute Luft, Abgeschlossenheit von Streß.

Ein anderer russischer Altersspezialist, Prof. Gasanow, stellt trotzdem folgende Ratschläge zusammen.

1. Die Arbeitsroutine muß so geändert werden, daß sie möglichst wenig Streß erzeugt. Man soll also Arbeit nicht mehr nach der Höhe der Produktion bemessen, sondern danach, wann man müde ist.
2. Essen Sie mäßig, nie hastig. Bewegen Sie sich regelmäßig.
3. Fügen Sie sich in die Gemeinschaft ein, seien Sie kein Einzelgänger.
4 Lassen Sie in gewissen Abständen Ihren Gesundheitszustand untersuchen – auch wenn Sie meinen, daß Ihnen nichts fehlt.
5. Führen Sie ein geregeltes Sexualleben. Glauben Sie nicht, daß dies im Alter schädlich ist.
6. Ärgern Sie sich nicht. Regen Sie sich nicht auf.

Der amerikanische Altersforscher Alexander Leaf von der Harvard Universität wollte von einem 121jährigen wissen, warum er noch beim Hausbau des Nachbarn helfe. Der antwortete: »Weil es ohne mich nicht geht.« Bei den Hunzas, einem abgeschieden lebenden Bergvolk im äußersten Norden Pakistans, staunte der Professor über einen 95jährigen: Scheinbar mühelos stapelte der Hirte auf einer Hochweide unweit des 8 000-Meter-Massivs Gasherbrum ein Fuder Heu. Die Bündel trug er auf dem Rücken talwärts – über einen 30 Grad geneigten Hang. »Behende wie eine Bergziege«, urteilte Leaf.

Hinfällig und verkalkt wirken oft die wenigen über 80jährigen in den Großstädten der Industrieländer. Gesund

und vital hingegen sind die meisten der Uralten in entlegenen Weltgegenden. Vom Studium dieser Menschen erhoffen sich die Altersforscher neue Aufschlüsse über die Hauptfaktoren vorzeitigen körperlichen Verfalls.

Denn wie schwer es bisher fällt, sich über die Ursachen des Altwerdens zu einigen, zeigte sich auf einem Treffen amerikanischer Mediziner in Santa Barbara, Kalifornien: Zivilisationsstreß, meinten die einen, gestörter Eiweiß-Aufbau, Mangel an Enzymen oder auch der ungenügende Abbau von Fettsäuren infolge mangelnder Vitaminzufuhr, meinten andere, seien die wesentlichen Alterungsursachen.

Ohne Vitaminpillen und weithin ohne ärztliche Betreuung sind dagegen zeitlebens jene Greise ausgekommen, mit denen Prof. Leaf auf der ganzen Welt zusammentraf, »bei denen alt nicht gleich krank bedeutet«. Ein Patentrezept für das bessere, längere Dasein besitzen nach seiner Erkenntnis die Methusalems des angehenden 21. Jahrhunderts auch nicht. Doch ihre Umwelt und ihre Art zu leben, so faßte Prof. Leaf zusammen, stimmten verblüffend überein.

1. *Die Alten-Regionen liegen zumeist 1 500 Meter über dem Meeresspiegel und höher,* durch Bergmassive von der Außenwelt getrennt. Vilcabamba etwa, ein 819-Seelen-Dorf mit neun Hundertjährigen (USA; drei von je 100 000 Einwohnern), wird von einem Seitenrücken der ecuadorianischen Anden abgeriegelt. Die Hunzas leben im schwer zugänglichen Karakorum; und die Mehrheit der 4500 in Georgien, Aserbeidschan sowie Armenien registrierten Hundertjährigen (Volkszählung 1970) lebt in den Hochtälern des Kaukasus.

2. *Eine strenge Diät »ohne zu hungern«* (Leaf) ist bei den Hunzas (durchschnittlicher Nahrungsverbrauch pro Tag: 1 923 Kalorien) wie bei den Vilcabamba-Alten (1 200 Kalorien) die Regel. Nahrungseiweiß und Fett

sind überwiegend pflanzlicher Herkunft. Von den Kaukasier-Greisen ißt zwar fast jeder zweite täglich Fleisch; doch auch bei ihnen stammen 70 Prozent der gesamten Kalorienmenge von pflanzlicher Nahrung.

3. *Die Alten, allesamt in Großfamilien lebend,* sind in allen drei Kulturen hochgeachtet, »das Gefühl der Zusammengehörigkeit ist stark«. Geradezu diktatorisch verwalten etwa die alten Hunzas ihren Staat. »Ihr Wort«, empfindet Leaf, »ist Gesetz.«

4. *Pensionsgrenzen sind unbekannt.* Hunzas, Vilcabamba-Dörfler und Kaukasier erfüllen, wann immer ihnen danach zumute ist, auch noch jenseits der Hundert »wesentliche Gemeinschaftsaufgaben«. Sie pflücken Tee, füttern Geflügel oder betreuen ihre Ururenkel.

Verwunderlich fand Leaf, *daß sie durchaus in mäßigem Umfang Genußmitteln huldigen:* Manche rauchten, und vielen schmeckte ihr Gläschen trockenen Weins oder eine kleine Menge Schnaps. Weshalb Uralt-Eurasier, Kaschmiris und Vilcabamba-Ecuadorianer so lange lebenstüchtig bleiben, vermochte auch der Altersforscher Leaf nur thesenhaft zu skizzieren. *Mit im Spiel sei womöglich die Erbveranlagung, langsam zu altern, eine lebenslang anhaltende ausgeglichene Seelenlage frei von Neurosen und vor allem der Wille, alt zu werden.*

Für gesichert hält der georgische Professor Pizchelauri jedoch, daß *Verheiratete* – möglichst mit großer Kinderzahl – offensichtlich *länger leben.* Ledige, die »extrem alt« würden, seien »rare Ausnahmen«, meinte der Forscher nach Befragung von 15 000 Menschen über 80. Jede fünfte Greisin hatte dereinst sieben bis neun, fast jede zweite vier bis sechs Kinder zur Welt gebracht.

Überraschend fand Leaf, daß bei vielen der untersuchten Uralten alle möglichen Arten von Herzkrankheiten festgestellt wurden – ja, häufig sogar Spuren früherer Infarkte registriert werden konnten. Wahrscheinlich, so mutmaßt er, habe es sich dabei um »stille« Infarkte gehandelt, die von den Betroffenen gar nicht bemerkt wurden. Die herz-kreislaufmäßige Fitneß der Gebirgsbewohner, die bessere Kondition ihres Herzens und Gefäßsystems durch das tägliche Bewegungstraining in den steilen Höhenlagen ließ sie solche für Großstädter tödlichen Katastrophen überstehen.

Was soll nun der ältere Mensch an ärztlichen Untersuchungen regelmäßig machen lassen?

1. Früherfassung von Geschwulsten – sog. Krebsvorsorge-Untersuchungen (Brust und Unterleibsorgane bei Frauen, Prostata und Mastdarm bei Männern insbesondere).
2. Ermittlung von Risikofaktoren für Herz- und Kreislaufkrankheiten (z.B. hoher Blutdruck, Fettsucht bzw. größeres Übergewicht, Zuckerkrankheit, erhöhter Harnsäure- und Fettgehalt im Blut.
3. Eventuell Brustkorbdurchleuchtung zur Erfassung von Lungenkrankheiten (insbesondere Tuberkulose).
4. Eventuell Messung des Augeninnendrucks beim Augenarzt zur Ermittlung des grünen Stars.
5. Harnuntersuchung auf Eiweiß, Zucker und Blut.

Es gilt immer wieder: Keine Vogel-Strauß-Politik betreiben!
Im übrigen nimmt *die Lebenserwartung der Europäerin bereits wieder ab* – so wie die Statistiken überhaupt feststellen, daß der Höhepunkt vorerst erreicht scheint: Die Weltgesundheitsorganisation WHO in Genf führt als Gründe das neuerdings starke Zigarettenrauchen der Frauen und ihre erhöhte Berufstätigkeit an. Unter den Hundertjährigen sind bisher zwei- bis dreimal mehr Frauen als Männer gewesen.

Wir müssen insgesamt nach dem Motto handeln: *Dem Leben nicht nur Jahre, sondern den Jahren Leben hinzufügen.* Man sagt, vierzig sei das Alter der Jugend und fünfzig die Jugend des Alters. Die Sache hat jedoch einen Haken: die meisten Menschen sind von vierzig oder fünfzig an weder krank noch gesund, eine Halbgesundheit stellt sich ein.

Das Altern aber kann man bestimmt nicht mit Hormon- und Frischzellenkuren, mit teuren Medizinen oder mit Knoblauchpillen und Gelee royale aufhalten: *Gesund alt werden ist immer die Summe lebenslänglicher Vernunft! Da ist viel Eigenleistung dabei.*

Ältere Menschen brauchen Kontakt statt Isolation: Altersheime gehören darum mitten in ein Wohnviertel und nicht irgendwo ins Stadtrandgrün! Von der schönen Aussicht allein kann man auch im Alter auf die Dauer nicht leben. Wir könnten da von mediterranen Völkern manches lernen: Ob in Italien, Frankreich oder Spanien – dort leben die Alten »mittendrin«, und das gibt ihnen ein Wertgefühl, das nicht durch hohe Pension und nicht durch noch so schöne Appartements zu ersetzen ist.

Überraschend ist, *daß verheiratete Frauen im Durchschnitt länger leben als ihre unverheirateten Geschlechtsgenossinnen. Für Männer gilt übrigens das gleiche.* Die WHO ist aufgrund statistischer Erhebungen der Ansicht, daß bei verheirateten Menschen die Lebensführung gesünder ist, regelmäßiger.

Berufshetze, Übergewicht, Rauchen und zu wenig körperliche Betätigung sind nach Ansicht der WHO die Haupttodesursachen des Mannes. Im hohen Alter tritt der körperliche Verschleiß beim Mann nach wie vor rascher ein als bei der Frau. Nicht uninteressant dürfte auch sein, wo die *Krankheitsschwerpunkte bei Menschen über sechzig* sind:

- Herzinsuffizienz   40 Prozent
- Bluthochdruck   31 Prozent

- Krebs   30 Prozent
- Zuckerkrankheit   25 Prozent
- Arterienverkalkung   23 Prozent
- Herzkranzgefäßverengung
  (Angina pectoris)   18 Prozent
- Blählunge (Emphysem)   15 Prozent
- chronische Harnwegsinfekte   14 Prozent

Dann folgen in abfallender Häufigkeit: Krampfadern, Wirbelgelenkserkrankungen, Lungenentzündung, Gallensteinleiden.

Berücksichtigen muß man, daß viele Menschen dann schließlich an zwei oder gar mehreren Krankheiten gleichzeitig leiden.

Eigenartigerweise werden laut Statistik *Ärzte nicht älter als der Durchschnitt der Bevölkerung*. Dazu meint der Zahnarzt Dr. Batt: »Obwohl sie in Sachen Gesundheit die bestinformierten Menschen sind, scheinen sie kein Rezept zu kennen, das geeignet wäre, ihre eigene Lebenserwartung auch nur um ein einziges Jahr günstiger zu gestalten, als sie dem Generaldurchschnitt entspricht.«

Die Nerven und der Streß

Das vegetative Nervensystem, auch das »unwillkürliche Nervensystem« genannt, weil es in der Hauptsache diejenigen Funktionen steuert, die ohne unser willentliches Zutun ablaufen – also Atmung, Herz-Kreislauf-Regulation, Verdauung, Schlaf, Temperatur, Schweiß – besteht aus:

1. einem *Sympathikusnerv,* der die Energie steuert, verbraucht und vorwiegend *bei Tag* herrscht, sowie
2. einem *Parasympathikus-* oder *Vagusnerv,* der für den Energieersatz sorgt und *bei Nacht* überwiegt.

Das Gleichgewicht der beiden entscheidet wesentlich über Gesundheit und Krankheit.

Das vegetative Nervensystem hängt auf das engste mit dem Hormondrüsensystem zusammen und ist nahezu an allen Organ- und Allgemeinerkrankungen beteiligt.

Das vegetative Nervensystem arbeitet weitgehend selbständig und willensunabhängig. *Zu seinen wichtigsten Aufgaben zählt die automatische Anpassung der Herz-, Atmungs- und Kreislauffunktion* an die dauernd wechselnde Beanspruchung, welcher der Körper täglich ausgesetzt ist. *Auch die Körpertemperatur, der Hormonhaushalt und die Stoffwechselvorgänge werden vom vegetativen System reguliert. Wichtig ist außerdem, daß sich Gefühlsleben und vegetatives Nervensystem wechselseitig beeinflussen können.*

Ohne Beteiligung des vegetativen Nervensystems ist nahezu keine Körperfunktion möglich!

Der Begriff *vegetative Dystonie* besagt, daß der Tonus, die Gleichgewichtslage dieser beiden Nerven des vegetativen Systems gestört ist. Er meint auch, daß die *nervliche Komponente* wesentlich an Symptomen wie leichte Erregbarkeit, Verkrampfung, schnelle Ermüdung oder auch an Organstörungen (besonders anfällig sind hier Magen, Herz, Galle, Darm) beteiligt ist.

Zur Erschöpfungsreaktion des vegetativen Nervensystems kann es bei einer andauernden körperlichen und/oder seelischen Über- oder Unterforderung kommen. Sehr viel häufiger ist allerdings das Vorliegen einer *Über*belastung anzutreffen.

Häufige Beschwerden (Symptome) einer Erschöpfungsreaktion des vegetativen Nervensystems sind:

Schlafstörungen, Verstopfung, Gewichtsverlust oder -zunahme, Atemnot, Schwäche und Müdigkeit, Schwindel, Appetitstörungen, Abnahme des Geschlechtstriebs, Herz- und Kreislaufbeschwerden, Kopfschmerzen, Übelkeit, Unlust, Menstruationsstörungen. Weitere häufig beklagte Anzeichen sind Gallebeschwerden, Durchfall, Händezittern, übermäßiges Schwitzen, Mundtrockenheit, Kreuz- und Nackenschmerzen.

Es sei aber deutlich vermerkt, daß alle diese Erscheinungen auch eine andere Krankheit als Ursache haben können. Gründliche Untersuchung und Abklärung ist deshalb unerläßlich. Man berücksichtige, wie gesagt, auch die *Unterforderung:* Das heißt, Menschen, die keine Aufgaben, Ziele haben (z.B. rüstige Rentner, nicht berufstätige Hausfrauen, Arbeitslose) und sich deshalb wertlos vorkommen. Sie können genauso Störungen durch das vegetative Nervensystem erfahren.

Berücksichtigen muß man bei allen ehrgeizigen beruflichen oder privaten Vorhaben, daß Gesundheit durch nichts annähernd Vergleichbares ersetzt werden kann. Erfolg im Beruf, gesellschaftliches Ansehen, gesteigertes Einkommen und hoher Lebensstandard verlieren dann ihren Sinn, wenn sie mit körperlichen oder seelischen Schäden bezahlt werden müssen.

Wenn man sich ständig von morgens bis abends abhetzt, dann schalten vegetative Zentren im Gehirn auf Schongang, um dem ohnehin belasteten Organismus nicht noch weitere Anstrengungen durch Aktivität zuzumuten – *die Müdigkeit schützt gewissermaßen vor Überlastung und Zusammenbruch.*

Im übrigen: Vegetative Dystonie kann man nicht behandeln, man kann sie nur vermeiden, was wiederum nur möglich ist durch Ausschaltung derjenigen Umweltreize, die die vegetativen Reiz- und Ermüdungssymptome aktivieren.

Streß

Und was ist nun eigentlich Streß? Man sagt, Streß sei eine durch übermäßige Arbeit, Spannung, Aufregung verursachte Belastung des Körpers und der Seele, ein Zuviel an Reizen und Anforderungen, das nicht mehr verarbeitet werden kann.

Man könnte statt Streß wohl auch *Forderung bis hin zur Überforderung* sagen. Die Definition des Erfinders und Erforschers dieses Begriffs, Prof. Hans Selye besagt: »Streß ist die unspezifische Reaktion des Körpers auf irgendwelche Inanspruchnahme!« Da der Organismus in einer Streßsituation mit der Mobilisierung aller verfügbaren Reserven für die Abwehr antwortet, kommt es bei Dauerstreß natürlich irgendwann zur Erschöpfung. Selye sagt aber auch: »Streß ist lebensnotwendig.« Sein Buch zu diesem Thema trägt den Titel *Ohne Streß kein Leben.* Der sog. Pensionierungstod z.B. zeigt deutlich, daß schon ein Jahr nach dem Ausscheiden aus dem Arbeitsprozeß viele Menschen sterben!

Streß engt zwar generell den Horizont ein, kann aber auf einem beschränkten Sektor zur Mehrleistung anfeuern. Das Positive am Streß ist, daß nicht wenige Menschen Hetze, Aufregung, Gefordertsein und die Fesseln der Verantwortung geradezu brauchen, um gesund zu bleiben – allerdings kann all dies eben auch ein Ausweichen sein vor den wesentlichen Dingen des Lebens.

Das Magazin *Der Spiegel* berichtet: Topmanager leben, entgegen früherer Annahme, länger. Die Betroffenen scheinen durch den Streß geradezu aufzuleben; sie zähmen den Streß und nutzen ihn produktiv.

Bei 27 000 Führungskräften in den USA stellte man fest, daß sie sogar gesünder sind als der durchschnittliche Arbeiter. Die Managerkrankheit kann demnach als ein Märchen gelten; man hat nämlich inzwischen auch gemerkt, daß, je erfolgreicher ein Mensch ist, er um so weniger ermüdet.

Anstrengung = Leistung stimmt nicht immer, oft ist Anstrengung die Tochter der Unfähigkeit und Streß ein Kind der Nichtleistung. Der Fleiß allein beweist noch nichts.

Einstellung auf den Streß

Am besten durch Muskelarbeit abreagieren – es ist häufig falsch zu meinen, man könne sich von nervenaufreibender Arbeit dadurch erholen, daß man nun nichts tut und sich nur ausruht. Nervliche Überbeanspruchung kann man am besten durch körperliche Arbeit ausgleichen!

Frage: Warum ist man abends müde, obwohl man den ganzen Tag über im Bürostuhl gesessen hat und auch keine außerordentlich geistige Anstrengung – vielmehr eine eintönige Arbeit hatte?

Antwort: Einseitigkeit und Langeweile ohne besondere körperliche und geistige Anstrengung können sehr ermüden!

Langeweile ist auch ein Streß!

In Kriegs- und Notzeiten hat sich herausgestellt, daß der
Mensch unglaublich viel verkraftet, wenn er durchhalten
muß. Man kann auch geradezu von einem Krankheitsschutz
in solchen Zeiten sprechen.

Die Meinung, daß also Strapazen und Anstrengungen –
nur weil sie uns unangenehm sind – auch ungesund sein
müßten, ist widerlegt. Und trotzdem: Allzuviel ist ungesund
– eine Binsenwahrheit – und *unter Streß nehmen die Aggressi-
vität und die Gereiztheit zu.*

Was Streß auch bedeuten kann

Als sich gesunde, deftige italienische Kost bevorzugende Ita-
lo-Amerikaner – in einer italienischen Kolonie zusammen-
lebend – dem American way of life anpaßten, erhöhte sich
die Herztodrate im Laufe der Jahre sprunghaft. Das alte Ge-
meinschaftsgefüge, in dem sie Streß und Sorgen geteilt hatten, ging verloren, jeder jagte nach mehr Einkommen; Leistungsdruck und Entfremdung kamen mehr und mehr auf.
Ein Familienmitglied: »Früher setzte sich keine Familie an
den Tisch, wenn nicht alle beisammen waren. Jetzt kommen
sie hereingerannt, stopfen sich etwas in den Mund und sau-
sen wieder los.« Der englische Arzt Dr. Henry Beric Wright
ist Leiter des Medizinzentrums des »Direktoreninstituts«,
einer Art Mayoklinik für Manager bzw. Managerkranke.
Dr. Wright geht mit den Mitgliedern des Arbeitgeberver-

bandes »Institute of Directors«, die die Crème de la crème im britischen Management ausmachen, oft und gern streng ins Gericht. Er hat soeben zwei neue Krankheiten entdeckt, von denen Chefs häufig befallen werden. Die eine sei der *Unentbehrlichkeitswahn*. Unter ihm leide ein Mann, der alles selbst machen will und kein Vertrauen zu seinen Mitarbeitern hat. Er kommt morgens als erster und geht abends als letzter.

Die zweite Krankheit sei der *Immunitätswahn*. Die von ihm Befallenen würden sich in der falschen Vorstellung wiegen, daß ihnen nichts passieren kann. Hier habe man es mit Männern zu tun, die davon überzeugt sind, daß nur der Kollege von Herzleiden, Kreislaufschäden, Fettleibigkeit, Plattfüßen, Impotenz, Gedächtnisschwund und anderen Gebrechen befallen wird. Chefs, die überleben wollen, erhalten von Dr. Wright folgende Faustregeln:

- Fahren Sie nicht mehr als 18 000 Kilometer Auto pro Jahr.
- Achten Sie auf Ihr Gewicht, auf das richtige Quantum Schlaf, genügend Freizeit und ausgiebigen Urlaub.
- Turnen Sie jeden Tag 20 Minuten.
- Sorgen Sie dafür, daß die Arbeit Spaß macht.

Einer Umfrage zufolge leidet jeder zweite Bundesbürger zwischen 14 und 70 unter Streß.

Ehrgeiz ist ein Streßfaktor und eine wichtige Herzinfarktursache.

Streßfaktoren bei Herzinfarkt sind eindeutig: Alkohol, Tabak, Kaffee, Hetze, Auspuffgase, Übergewicht, Bewegungsmangel. Vom Seelischen her ist vorgegeben: ehrgeizig, aggressiv, ruhelos.

Nachtarbeit und Nachtvergnügen sind weitere Streßfaktoren, die auf die Dauer die Gesundheit schädigen. Sich am nächsten Morgen mit Kaffee oder Aufputsch-Medikamenten fit zu machen, kann auf die Dauer nicht gutgehen. Müdigkeit muß man mit Ruhen und Schlafen statt mit Kaffee behandeln.

Und überhaupt das Thema *Arbeitswut*: Beobachten Sie bei sich morgendliche Unsicherheit, sofern der Terminkalender zu leer ist? Arbeiten Sie hastig, heimlich oder auch am Abend? Neigen Sie dazu, sich einen Vorrat an Arbeit anzulegen? Dann ist es höchste Zeit, einen Psychologen aufzusuchen. Denn alle die Symptome deuten auf eine der jüngsten, von der Psychosomatik entdeckten Suchtgefahren des 20. Jahrhunderts hin, die »Arbeitssucht«. Sie ist nach Ansicht des Neurologen Dr. G. Mentzel aus Zwesten bei Kassel nicht weniger gefährlich als Alkoholismus oder Fettsucht.

Ständige Überarbeitung kann aber die Quelle vieler Übel sein – und das schlimmste davon ist die *chronische Ermüdung*. Sie wird uns als *gefährliches Alarmzeichen* beschäftigen müssen.

Die chronische Müdigkeit

Chronisch müde machen können *berufliche, familiäre, eheliche Konflikte, mangelnde Anerkennung, enttäuschtes Vertrauen, fehlende Geborgenheit*. Wenn Müdigkeit nur ein körperliches Phänomen wäre, würden nicht so viele Menschen am Samstag in aller Frühe in die Berge oder sonstwohin fahren, um sich nach einer anstrengenden Woche körperlich erholen zu wollen.

Die Müdigkeit ist ein Signal, ähnlich wie der Schmerz: Sie hat eine Schutzfunktion vor dem Überziehen der Leistungsfähigkeit.

Immer wieder ist darauf hinzuweisen, daß es nicht genügt, den einen oder den anderen Ermüdungsfaktor wegzulassen. Wenn man wirklich einen vollen Erfolg haben will, müssen *möglichst alle* ausgeschaltet werden: Das ist freilich leichter gesagt als getan. Goethe kann zitiert werden: Es genügt nicht, etwas zu erkennen – man muß es wollen. Es genügt nicht, etwas zu wollen – man muß es tun.

Eine Belastung durch Summation vieler Ermüdungsfaktoren braucht z.B. einem 26jährigen, der auf dem Gipfel seiner physischen Kraft ist, gar nichts auszumachen. Genau derselbe Streß kann einen 50jährigen umwerfen.

Man kann auch von dem Begriff der *Entzugsmüdigkeit* sprechen: Wenn einem Menschen Grundelemente wie Zuwendung, Zutrauen, Anerkennung, Dank, Nachsicht, Solidarität entzogen werden, kann er in *die Frustration und Resignation – immer verbunden mit Müdigkeit* – flüchten. Frustration und Resignation können aber auch in plötzliche, heftige Aggression umschlagen.

Der Herd oder das Störfeld

Bei einer *chronischen Krankheit* sollten Sie genauestens *prüfen, ob Sie einen Herd im Körper haben – ein Störfeld.* Jetzt werden Sie vermutlich sofort antworten: »Mein Blinddarm ist entfernt, die Mandeln hat man herausgenommen – und auch noch einige Zähne gezogen! Was ich jedoch behalten habe, sind meine Beschwerden!«

Sie haben leider allzuhäufig recht. Und trotzdem – ich muß es wiederholen: Lassen Sie nochmals genauestens prüfen, ob Sie keinen Herd im Körper haben.

Die hauptsächlichsten Herde (auch Störfeld oder Fokus genannt) sind *der Häufigkeit nach:*

1. Zähne
2. Mandeln
3. Nebenhöhlen (Kieferhöhle und Stirnhöhle)
4. Narben
5. Chronische Blinddarmentzündung
6. Chronische Gallenblasen-, Eierstock-, Eileiter-, Prostata- und Mittelohrentzündung

Man sieht, daß die *Kopfherde an erster Stelle* stehen. Ein weitverbreiteter *Irrtum ist es zu meinen, solch ein Herd müsse weh tun: Meistens eben gar nicht* – und das ist das Heimtückische. Jahrelang kann man also einen Herd mit sich herumschleppen – und hat Beschwerden an einer völlig anderen Stelle (oder auch keine). Ein Herd muß nämlich nicht immer Beschwerden machen: Ein einigermaßen gesunder Organismus kann oft jahrelang seine Wirkung abfangen – bis er es eben nicht mehr schafft – und dann der Körper mit irgendeiner Krankheit reagiert. Der Münchner Arzt Dr. med. Peter Dosch (Huneke-Schüler und Neuraltherapeut) und auch der Heilpraktiker Manfred Köhnlechner haben bewiesen, daß fast alle Krankheiten störfeldbedingt sein können.

Ein Herd ist häufig das Zünglein an der Waage, ob eine Krankheit bald ausheilt oder chronisch wird.

Manche Menschen meinen: Da ist einer gesund und hat trotzdem Zahnherde, Wurzelreste oder verfaulte Zähne.

Ja, das gibt es – wenn der Betreffende eine gute Erbmasse, eine gesunde Konstitution oder sonst keine größeren krankmachenden Belastungen aufweist.

Wehe aber, es kommt zu weiteren Belastungen (Auskühlungen, Schlafmangel, schwere Ernährungsfehler, seelischer Streß): *Plötzlich wird die »Zeitbombe Herd« aktiv* – und die Krankheit, die sonst in vierzehn Tagen auskuriert ist, wird chronisch.

Als Beispiel für viele kann gelten:

Ich behandelte einen dreißigjährigen Sportler, gesund, der im Herbst bei Gartenarbeiten längere Zeit auf kühler, feuchter Erde kniete. Er bekam eine heftige Kniegelenkentzündung. Während aber so etwas nach zwei bis vier Wochen wieder in Ordnung ist, hatte der Mann trotz intensiver fachärztlicher Behandlung (Salben, Wickel, Bestrahlungen, Spritzen und Tabletten) nach einem Vierteljahr immer noch ein dickes, schmerzendes Knie – an Sport war nicht zu denken. Es kam dann aber trotzdem noch zu einer glücklichen und schnellen Heilung. Dem Mann war nämlich ein halbes Jahr zuvor im unteren Gebiß ein Zahn abgebrochen. Die nicht schmerzende Wurzel ließ er einfach im Kiefer stecken (er war, was den Gang zum Zahnarzt betraf, ein ausgesprochener Feigling!). Ich bestand nun auf die Entfernung der Wurzel, und nach wenigen Tagen konnte er das Knie wieder voll belasten! Dem kann man entnehmen, daß der Zahnrest zwar nicht »schuld« hatte an der »Kniesache« (das war sicher die Unterkühlung) – aber eben eine Krankheit »festhalten« kann!

Nun geht es nicht immer so gut wie in diesem Fall. Und trotzdem: Herde sind Sickerlöcher für die Lebenskraft – sie machen auch chronisch müde! Sie lähmen das Abwehrsystem!

Sehr wichtig ist zu wissen, daß Herde oft auch die Folge von langer Fehlernährung sind (Mandeln, Nebenhöhlen, chronische Entzündungen wie unter 5. und 6. vor allem angeführt).

Gehen wir jetzt die sechs Herd-Gruppen der Reihe nach durch.

1. Zähne

Nicht der Zahn, der ein Loch hat, ist in der Regel ein Herd, sondern jener, dessen Wurzel nicht mehr in Ordnung ist: Eine Wurzelspitzenentzündung, ein Granulom (gewissermaßen ein abgekapselter, nicht schmerzender Eiterherd), Stiftzähne meistens nach wenigen Jahren, tote Zähne, nicht durchgebrochene Zähne (auch in der Mehrzahl die Weisheitszähne). Dann sehr oft nach Entfernung (Ziehen) eines Zahnes ein zurückgebliebener Wurzelrest – selbst wenn er noch so klein ist –, eine Wurzel von einem abgebrochenen Zahn, überbrückte Zähne und die kostbaren Goldzähne werden häufig nach einigen Jahren durch die Veränderung der Druckverhältnisse auf die Wurzeln gern zu Herden (»Goldgrab«). Starker Zahnfleischschwund mit Zahntaschenbildung kann ebenso wie zwei verschiedene Metalle (z.B. Gold und Amalgam) Herdwirkung haben.

Die äußerlich intakten Gebisse sind in Wirklichkeit oft alles andere als in Ordnung: Man lasse sich nicht von teuren Jacketkronen, Goldkronen und Stiftzähnen täuschen – all dies kann sehr gefährlich sein!

Was tun?

1. *Das ganze Gebiß röntgen lassen* – und zwar nicht nur verdächtige Zähne (noch einmal: Der äußere Schein kann trügen!), sondern alle, d.h. einen vollständigen Zahnstatus machen lassen.

2. *Vitalitätsproben machen lassen,* d.h. Prüfungen, ob der Zahn lebt oder schon einer toter ist! (Prof. Josef Angerer, ein Pionier der Herdforschung, sagte: »Totes verträgt sich nicht mit Lebendigem.«)

3. Wenn der Zahnarzt über *besondere Testmöglichkeiten* apparativer Art (Elektroakupunkturmethode nach Voll oder andere) verfügt – um so besser, desto sicherer die Diagnose.

Also: So logisch der Satz »ein eigener Zahn ist ein eigener Zahn« sein kann – er gilt aber nur solange, als dieser ein gesunder Zahn ist. Ich betone nochmals: Die Behandlung jeder Krankheit kann solange vergeblich sein, als diese von einem Herd ausgelöst oder unterhalten wird. Und erst, wenn dieses aus der Ferne wirkende Störfeld beseitigt ist, kann es zur Heilung kommen.

Unsere Lebensweise (vorwiegend falsche Ernährung) ist an der Zunahme von Störfeldern maßgeblich beteiligt. Im Kieferbereich ist die Zahnkaries ein entscheidender Wegbereiter von Zahnherden! Freilich lobt jeder den Zahnarzt, der »nicht gleich reißt« – wer hat schon gern Lücken im Gebiß, und wer würde nicht die schmerzhafte Prozedur scheuen. Und es ist ja auch zweifellos Sinn der Zahnheilkunde zu erhalten, was zu erhalten ist.

Aber: immer nur dann, wenn es der Gesundheit im allgemeinen nicht schadet. Sonst ist das Opfer eines Zahnes das kleinere von zwei Übeln, wenn man nämlich zu wählen hat zwischen Zahnerhalten oder chronischem Krankwerden.

Der deutsch-spanische Zahnarzt Dr. Adler sagt in seinem Störfeldbuch: *»Schmerzfreiheit ist niemals ein Zeichen von Herdfreiheit.«* Das ist ein gewaltiger Unterschied! Gratulieren kann man Ihnen nur, wenn Sie nun auch einen Zahnarzt finden, der wie ein Detektiv nach Störfeldern fahndet und die Sache nicht auf die leichte Schulter nimmt. Immer noch sind nämlich in der Medizin die Lager in zwei Hälften gespalten: die eine, die von Herden nicht viel hält, und die andere die allzu schnell Herde reihenweise operativ entfernt. Wie aber kann sich der Patient schützen und einen guten Zahnarzt finden? Indem er einen sucht, der

a) *das Problem überhaupt ernst nimmt*
   und
b) *dann auch die drei beschriebenen Suchmöglichkeiten voll ausschöpft. Nicht ermüden in der Suche nach einem erstklassigen Zahnarzt: Er entscheidet bisweilen über Ihre Krankheit oder – Gesundheit.*

2. Mandeln

Ein wichtiger Satz: *Während bei Kindern der Mandelherd überwiegt, überwiegt bei Erwachsenen der Zahnherd.*

Ein weiterer wichtiger Satz: Während bei Kindern Zahnherde fast keine Rolle spielen, spielen Mandelherde bei Erwachsenen oft eine große Rolle (Gelenke, Herz, Nieren!).

»Schlechte« Mandeln gehen sehr häufig auf falsche Ernährung im Säuglings- und Kindesalter zurück: zu viel, zu süß, zu wenig

Vitamine, zu viel aus Dosen, Flaschen und Konserven – und wenig Natürliches und Naturbelassenes. (Beispiel: Wie viele Mütter machen sich die Arbeit, einen Saft aus möglichst nicht chemisch gespritztem und chemisch gedüngtem Obst oder Gemüse täglich frisch zu pressen? Wie viele kaufen hingegen diese Fertigsäfte, von allen möglichen Firmen angeboten?)

Vergrößerte Mandeln im Kindesalter sind nicht immer schlechte Mandeln und durchaus nicht immer ein Operationsgrund! Eine Mandelentzündung allein ist noch kein Anlaß, die Mandeln entfernen zu lassen, auch dann nicht, wenn sie sich wiederholt.

Operationsgründe

Streuwirkung auf Gelenke, Nieren oder Herz,, Mandelabszesse.
Ernährungsumstellung! Biologische Behandlung der Mandeln (Absaugen, »Abspritzen«, Neuraltherapie – Heilinjektionen nach Dr. Huneke an die Mandelpole –, homöopathische und pflanzliche Lymphmittel, gesunde Mundbakterien zuführen, keine keimtötenden unbiologischen Zahncremes verwenden, kein Eis lutschen).

Bei Erwachsenen bringt die Mandelentfernung – Ausnahme die angeführten Operationsgründe – häufig nicht das gewünschte Resultat. Ist aber die Operation nötig, dann nicht warten, bis die chronische Eiterung Organschäden bewirkt hat.

3. Nebenhöhlen

Chronische Kiefer- und Stirnhöhlenkatarrhe sind seltener als Zahn- und Mandelherde – aber häufig genug. Oft allerdings handelt es sich hier um einen Sekundärherd, d.h. Zähne oder Mandeln sind die eigentliche Ursache von Nummer 3!

Also: zunächst die beiden ersteren kontrollieren, nicht wiederum gleich operieren. Erst biologisch behandeln: inhalieren, Wärme- und Hitzeanwendungen, auch Sauna, Meerwasserinhalationen und Aufenthalt am Meer, biologische Arzneien, Atemtherapie, evtl. auch Spülungen.

4. Narben

Jede Unfall- oder Operationsnarbe kann Fernwirkungen haben. Die sicherste Methode ist augenblicklich das neuraltherapeutische »Abspritzen« der Narben (meistens Quaddeln mittels Procain), das nicht sonderlich weh tut.

5. Chronische Blinddarmentzündung

Die Ärzte wissen, daß fast nirgends auf der Welt so viele Blinddärme herausgenommen werden wie in der Bundesrepublik. Bei einer akuten Blinddarmentzündung ist dies keine Frage; viele Blinddärme werden aber entfernt – und die Patienten sind verblüfft, daß sie hinterher an der gleichen Stelle die gleichen Beschwerden haben! (Es war der aufsteigende Dickdarm, der Eierstock oder Eileiter, die gespürt wurden und behandelt gehörten.)

Also: gründliches Abwägen, eventuell Behandlung des Dickdarmes bzw. frauenärztliche Behandlung.

6. Chronische Gallenblasen-, Eierstock-, Eileiter-, Prostata- und Mittelohrentzündung

Alle diese – oft wenig und dann auch nicht dauernd schmerzenden – Erscheinungen können als verborgene Entzündungen eine Herd- und damit eine Fernwirkung auf andere Organe haben. Meistens handelt es sich darum, daß eine akute Entzündung nicht gründlich genug ausgeheilt wurde. Also: Nachholen, was man vielleicht versäumt hat. Ernst nehmen und nicht bagatellisieren! Arzt oder Heilpraktiker konsultieren! Biologisch eingestellten Facharzt! Vielleicht auch an Neuraltherapie denken. *Ein Herd muß behandelt werden* – was nicht immer gleich operieren heißt.

Einen Herd haben – auch wenn er noch keine Beschwerden macht –, heißt nicht gesund sein.

Kommt eine *länger dauernde Fehlernährung und/oder eine seelische Belastung dazu, dann wird ein ruhender Herd oft aktiv, weil die Widerstandskraft im Körper geschwächt ist,* die krankmachenden Impulse schlagen durch und schädigen den Organismus. Meistens tun sie dies dann an jenen Stellen, die von der Veranlagung oder von früheren Krankheiten her sowieso schon schwache Punkte sind.

Der Körper kann ein Störfeld, einen Herd, oft lange Zeit unter Kontrolle halten. Vielleicht merkt man außer chronischer Müdigkeit nichts. Das Störfeld ist »stumm«. Aber die Zeitbombe tickt: Bis durch eine oder mehrere Belastungen (Überarbeitung, Verkühlung oder anderen) die Zündschnur zum Glimmen kommt.

Also: Vorher handeln!

Auch hier gilt: Vorbeugen ist besser als einer Krankheit hinterherlaufen!

Lebensalter und Gesundheit

Am Beispiel *des alten Zweimal-Siebener-Rhythmus* im menschlichen Lebenslauf soll dargelegt werden, wie jedes Alter seine besondere Beziehung zu Krankheit und Gesundheit hat. Wenn man sich diese Erscheinungen rechtzeitig bewußt macht, bekommt auch die *Gesundheitsvorsorge* mehr Gewicht, und Krankheit verliert in vielen Fällen den scheinbar so schicksalhaften Charakter. Man könnte geradezu sagen: *Schicksal entsteht häufig aus Unwissenheit! Die ersten vierzehn Jahre dienen dem leiblichen und seelischen Einrichten und Eingewöhnen auf der Welt.* Krankheiten kommen hier schnell und heftig gleich Naturgewalten; es endet mit Sieg oder Niederlage, Kompromisse werden von Leib und Seele kaum geschlossen – im Vordergrund steht, daß die Ganzheit erhalten bleibt oder das junge Wesen zugrunde geht. Diese erste Phase im Leben erinnert sehr an die *Absolutheit von Pflanze und Tier:* Entweder die Bedingungen sind gut, und das Wesen lebt und überlebt, oder sie sind unannehmbar, und das Geschöpf stirbt. Entweder – oder; das ist bei den Kinderkrankheiten typisch. Von einer Stunde zur anderen sondert sich das Kind ab, verweigert die Nahrung und fiebert mit hochrotem Kopf. Es kommen dramatische Entwicklungen, aber ebenso schnell können Besserung und die meist völlige Herstellung der Ausgangslage eintreten; das Kind ist oft sogar nach einer richtig durchgestandenen Krankheit gesünder als zuvor. Richtig durchgestanden heißt: Die Krankheit wird nicht abgewürgt, nicht durch Behandlung von Symptomen vordergründig verdeckt und vorzeitig scheinbar auskuriert.

51

Hier liegt im übrigen eine erhebliche Gefahr der modernen chemischen Arzneimittel: Penicilline, Sulfonamide und Beruhigungsmittel z.B. vermögen schnell eine sogenannte Scheingesundheit zu erzwingen, während sie in Wirklichkeit das eigentliche Problem verschieben und damit verschlimmern. Nicht zuletzt hat auch Müller-Eckart in seinem Buch »Das unverstandene Kind« auf die wesensentfaltende Bedeutung der klassischen Infektionskrankheiten bei Kindern hingewiesen, besonders im Zusammenhang mit Hautkrankheiten, die nicht nach innen gedrückt, sondern nach außen geleitet (»Häutung« im symbolischen Sinne!) werden sollen.

Hier ist es wichtig, einen Therapeuten zu wählen, der die Mittel entsprechend einzusetzen vermag: Fasten, Bettruhe, Wasseranwendungen, pflanzliche und homöopathische Mittel vermögen die Krankheit so zu beeinflussen, daß in ihr der uns zwar häufig unklare, aber doch nicht bestreitbare metaphysische (übersinnliche) Sinn nicht verdrängt, das kranke Kind nicht um das ahnungsweise Erleben von Krankheitstiefen gebracht wird. Starke und stärkste chemische Waffen bleiben dann lebensbedrohenden Situationen vorbehalten.

Stichwortartig noch folgendes:

Stillen so lange wie möglich; es gibt keinen Ersatz für Muttermilch! *Mandeloperation* darf nicht Modeoperation des Kindesalters sein. Besonders vor Vollendung des siebten Jahres äußerste Zurückhaltung!

Einschulung nicht vor sieben Jahren. – Wann sollen sich die Gemütskräfte spielend entfalten, wenn der Intellekt zu früh gezüchtet wird?

Was die *Zähne* betrifft: weniger Kalktabletten, aber mehr Vollkornbrot; weniger Süßigkeiten, aber mehr Obst und süße Früchte. *Schulranzen* möglichst lange beibehalten, statt der überladenen Mappe. Mehr Turnen, mehr Schwimmen, weniger Fernsehen.

Zwischen 14 und 28 Jahren kommt der Mensch auf den Höhepunkt seiner körperlichen Kräfte. Nie mehr später scheint seine Gesundheit so unangreifbar wie jetzt. Praktisch kann er machen, was er will: Das Härteste im Leistungssport von sich fordern, Exzesse in Essen, Trinken und Sex, Mangel an Schlaf und Ruhe – es scheint ihm nichts auszumachen, und er ist oft kurzsichtig genug, im Wahn zu leben, das ginge ungestraft und immerzu, nur weil er nicht weiß, daß die »Rache« bereits im nächsten Lebensabschnitt folgt.

In diesem Alter ist es oft nicht nötig, Krankheiten zu heilen, auch braucht man aus jungen Menschen keine Gesundheitsapostel zu machen. Aber man sollte eines versuchen: ihnen klarzulegen, daß in dieser Zeit *nicht durch allzu chaotisches »Ausleben«* körperliche und seelische Energien vergeudet werden, daß gleichsam der Saftstrom bewahrt werden muß, wenn später die ganze Fülle der Zweige und Blätter am Lebensbaum zur Ausbildung kommen sollen. Von *Hochleistungssport* sollte man absehen und nur soviel Sport treiben, wie es ohne Wettkampfehrgeiz Spaß macht.

Wenn in diesem Alter das *Rauchen* nicht erst begonnen wird, spart man Geld und Gesundheitsenergien. In späteren Lebensaltern kommt man dankbar auf das Gesparte zurück. Warum ist das dieser Altersgruppe nur so schwer verständlich zu machen.

Zwischen 28 und 42 Jahren steht der Mensch auf der Höhe seiner seelischen und körperlichen Verfassung. Zugleich tritt durch das völlige Ausgefülltsein in Beruf und Familie die Gefahr der Einseitigkeit auf. Dadurch beginnt das körperliche Wohlbefinden besonders an der Vierzigergrenze bereits zu leiden: Zu wenig Bewegung, zu wenig Entspannung, chronische Übermüdung und Genußmittelmißbrauch beginnen sich zu rächen. Die bisher unerschöpfliche Fähigkeit, Ausgleich zu schaffen, scheint nachzulassen, und wenn in diesen Jahren nicht auch bald *durch Vernunft ersetzt wird, was an bio-*

logischer Kraftreserve schwindet, dann kommt es zu früh zur Schwächung der Lebenskraft.

Darum hier besonders:

Streng rhythmischer Tages- und Wochenplan mit regelmäßiger Bewegung (ein halber Tag in der Woche Gartenarbeit oder Wandern, Schwimmen, Skifahren). Mindestens *acht Stunden Schlaf, regelmäßige Einnahme von Mahlzeiten, Urlaub drei bis vier Wochen pro Jahr,* der jedoch zusammenhängend genommen werden muß. Von Vierzig an heißt es *haushalten mit seinen Kräften* – und dazu gehört, daß zwischen Erholungs- und Erlebnisurlaub unterschieden wird. Vielleicht so: drei Wochen Erholung, eine Woche »Erlebnis« – also Reise- oder Bildungsurlaub.

Die Zeitspanne von 42 bis 56 Jahren zeigt den Menschen im Vollbesitz seiner psychischen Kraft und bringt die Geistesfülle zur Entfaltung. Hat er in Familie und Beruf die Dinge zu seiner Zufriedenheit lösen können, möchte man meinen, daß ihm das Leben in dieser Zeit eitel Glück und Wonne, Bestätigung des eigenen Wertes und auch des Genusses seiner Arbeit bringt. Ja, so könnte es sein – wenn er sich in diesen Jahren *im körperlich-materiellen Genuß drastisch zurückhält (weniger von allem!),* wenn er erkennt, daß er nicht mehr jede Arbeit und jedes Vergnügen, das sich anbietet, annehmen darf, wenn er noch *disziplinierter* als im Lebensabschnitt vorher zu leben vermag. Aber das ist oft der Zwiespalt: Viele Menschen haben durch die Entbehrungen während der Aufbaujahre jetzt das Gefühl, nachdem ihnen ihre beruflich harte Leistung die materiellen Mittel dazu gibt, endlich »leben« zu müssen, bzw. was sie darunter verstehen. So kommt es, daß das Wort von der »Midlife-crisis«, der »Krise in der Lebensmitte«, in aller Munde ist und eine Anzahl Bücher darüber geschrieben worden sind. Der Abschied von den Jugendträumen ist endgültig, und berufliche wie private Enttäuschungen blieben nicht aus. Aber – Arbeit und Vergnügen sind meist zu viel: Der häufig schlagartige Zusammenbruch, z.B. durch Herzinfarkt gerade in diesem Alter, beweist es. Der plötzliche Krankheitsausbruch kann aber auch dadurch entstehen, daß im Tempo der Jahre vorher weitergearbeitet wird. Er kann aber auch durch familiäre Krisen heraufbeschworen werden. Eheleute leben sich in diesem Alter oft auseinander, nachdem die Kinder »aus dem Ärgsten heraus« sind. Die Frau kommt in die Jahre der hormonalen Umstellung und ist allein schon dadurch krisenanfälliger. Darum scheinen Schwerpunkte der Vorsorge zu sein: Rechtzeitige *Wende auch von außen nach innen,* also von den Oberflächlichkeiten des notwendigen äußeren Lebens in die Tiefen des Seelischen, wenn nicht um die Fünfzig die gefürchtete Leere auftreten soll, die häufig auch die *Flucht in die Krankheit* mit sich bringt. Die vielen Möglichkeiten der Kunst und des Kulturellen müssen jetzt neu entdeckt, soziale Pflichten übernommen werden, damit Körper, Seele und Geist gesund bleiben. Der Urlaub sollte zu einer Kur genutzt werden und mindestens vier Wochen im Jahr betragen.

Von 56 bis 70 Jahren rundet sich das Leben in seiner Ganzheit ab. Ausgeglichenheit in allen Bereichen steht im Vordergrund. *Ausgewogenheit in Leistung und Ruhe, Essen und Fasten, Genuß und Verzicht. Mäßigkeit wird oberstes Gebot.* Rechtzeitig muß man seinen Stellvertreter einweisen, und die Übergabe darf zwischen Sechzig und Siebzig Jahren nicht versäumt werden. Der drohenden Vereinsamung muß besonders im Falle, wenn ein Ehepartner bereits gestorben ist, durch *soziale Eingliederung* begegnet werden. Wieviel Leid entsteht heute allein dadurch, daß vielen Menschen ihre Aufgaben entzogen sind und dadurch noch leistungsfähige und -bereite Menschen keine Einsatzchancen haben! Wieviel Nöte entstehen durch das Auseinanderfallen von Großfamilien (Kindern – Eltern – Großeltern), denn die Eltern brauchen die Großeltern aushilfsweise für die Kinder, ebenso wie die

Großeltern den Kontakt mit der Jugend nötig hätten! Schuld ist zum Teil unsere Wohnungsmisere – ein staatspolitisches Problem von ebensolcher Dringlichkeit wie der Bau von *würdigen Altersheimen, welche die Betagten nicht so radikal isolieren.*

»Das Leben währet siebzig Jahr« – der alte Vers gilt nicht mehr viel, denn oft schließen sich »geschenkte Jahre« an, und mancher erreicht die Vollendung der *Stufe 70 bis 84 Jahren und darüber.* Auch für diesen Abschnitt ist vielfach das eben Angedeutete gültig. Daneben heißt es: In Bewegung bleiben! Da ist der tägliche ausgiebige Spaziergang geradezu ein Lebenselixier. Bei Wind und Wetter beobachten wir häufig an alten Menschen, daß sie den gewohnten Rhythmus nicht unterbrechen.

Beweglichkeit aber ebenso auf verstandes-, gemütsmäßigem und geistigem Gebiet! Kontakte nicht abbrechen oder einschlafen lassen! Interesse für alle Zeitprobleme ist der beste Schutz vor Verkalkung.

Wenn die *Verinnerlichung und das religiöse Element* in diesen Jahren die Oberhand bekommen, dann wird der Tod seinen Schrecken verlieren, da der Mensch das ewige »Stirb und Werde« begreift.

Der Kreis schließt, und das Leben vollendet sich. Seine Altersstufe bewußter leben – das wäre die Devise, die auch die tiefsitzende Angst vor dem Altwerden nimmt. Insofern kann man es ruhig und gelassen hören – das Lied von der schönen Jugendzeit, die nicht mehr zurückkommt. *Jedes Alter hat seine besonderen Freuden, seine spezifischen Erlebnisse, seine großen Möglichkeiten.*

Über den richtigen Tagesrhythmus

Alles Lebendige hat einen Rhythmus: Der menschliche Herzschlag ebenso wie die Brutzeit der Vögel und das Wachstum der Pflanzen. Wenn dieser Ur-Rhythmus gestört wird – sei es, daß das Herz unregelmäßig schlägt, ein Vogel zur verkehrten Zeit mit seiner Brut und die Pflanze zu zeitig oder zu spät zu blühen beginnt –, ergeben sich daraus schwere Störungen.

Auch der Mensch ist diesem Rhythmus unterworfen, *einem Tages-, Monats-, Jahres- und schließlich Lebensrhythmus.*

Das beginnt schon damit, daß er jeden Tag von neuem versuchen muß, in Einklang mit der Natur und nicht gegen diese Ordnung zu leben – wenn er nicht über kurz oder lang krank werden will.

Nur wenigen ist nämlich die Gesundheit so ohne weiteres geschenkt, die meisten von uns müssen sie sich täglich neu erwerben. Dazu braucht der Arzt oder der Heilpraktiker die Mitarbeit des Patienten – ohne diese ist er oft machtlos.

1. Man gewöhne sich daran, *früh aufzustehen und früh ins Bett zu gehen.* Mit aufgehender Sonne – im Sommer also früher, im Winter später – soll der Mensch aus den Federn und die Energie des beginnenden Tages nutzen. »Morgenstund hat Gold im Mund« – es ist viel Wahres an diesem alten Sprichwort (nur hält man sich meistens nicht daran!). Die Sonne geht für alle zur gleichen Zeit auf und auch unter – und wissenschaftliche Forschungen

haben ergeben, daß der Mensch sehr wesentlich an diesen Sonnenrhythmus gekoppelt ist (»Early to bed and early to rise makes a man healthy and wealthy and wise«, sagen die Engländer)

2. Am Morgen soll der *Kreislauf angeregt* werden:
Trockenbürsten des ganzen Körpers macht ebenso wach wie eine kalte Dusche oder kalte Waschung und dasselbe wechselwarm im Winter (heiß-kalt, evtl. wiederholen). Daran anschließend nackt eine kleine Zimmergymnastik mit ein paar Atemübungen – das belebt, gibt Schwung (und eine schöne, reine Haut)!

3. *Frühstücken!*
Man bedenke dabei, daß der Magen von der Nacht her schon acht bis zehn Stunden lang nichts bekommen hat und es gegen den Saftrhythmus verstößt, wenn man ihn jetzt noch bis mittags warten läßt. Außerdem liegt hier der Schlüsselpunkt für die Abendmahlzeit, die bei den meisten Menschen zu reichlich ist. Das ist verständlich: Wenn morgens gefastet wird, dann setzt man sich natürlich abends hungrig an den Tisch. Ferner soll am Morgen die relativ meiste Flüssigkeit aufgenommen werden – und nicht am Abend, wie es häufig geschieht.

4. Abendliche Vorbereitung und Planung *verhindern am Morgen die Hetze* – den schlimmsten Feind für das Nervensystem! Das Bild jenes Angestellten, dem mit fliegenden Rockschößen am Gartentor die Kaffeetasse von seiner Frau abgenommen und die Krawatte noch eilig umgebunden wird, sollte den Witzblättern vorbehalten bleiben. *Den neuen Tag mit dem Aufräumen des alten beginnen, ist psychologisch unklug und führt schon früh am Morgen zur Ermüdung.* Also abends ordnen, vorbereiten – nichts über Nacht liegenlassen (möglichst auch keinen Streit). Dann schläft man ruhiger und beginnt jeden Tag unbelastet neu.

5. *Wir sitzen zuviel!* Wenn man sich den *Arbeitsweg* so ein-richten kann, daß *zumindest ein Teil desselben zu Fuß* ge-gangen wird, wäre das ideal. Die Parkplatzsuche direkt vor der Haustüre ist sowieso sehr mühsam. Vielleicht kann man den Wagen ein Stück vorher stehenlassen und den Rest gehen. *Wer viel geht, lebt länger!*

6. *In den Arbeitspausen frische Luft schöpfen.* Man macht hier oft den Fehler, daß man in der vielleicht sogar völlig verräucherten Kantine seinen Tee oder Kaffee trinkt, statt im Hof etwas auf und ab zu gehen.

   Auch hier muß auf die rhythmische Ausgewogenheit von sitzen und stehen, sitzen und gehen, Aufenthalt in verbrauchter Luft und Ausgleich in frischer Luft geach-tet werden. Alles muß sich die Waage halten.

7. *Mittags durchzuarbeiten ist unnatürlich.* Der Mittag ist der große Schnittpunkt des Tages. Man macht sich meistens etwas vor, wenn man meint: So, jetzt arbeiten wir »durch«, dann werden wir eher fertig und haben früher Feierabend. Aber der Verschleiß ist dabei ein ungeheu-rer, und es kommt zum frühzeitigen Verbrauch der Re-serven.

   Wenn es irgendwie geht: *Zehn Minuten flach hinlegen,* Bei-ne hochlagern, Siesta halten, entspannen. Dann eine leichte Mahlzeit (im Falle, daß bald weitergearbeitet werden muß und abends sowieso die Hauptmahlzeit eingenommen wird). Langsam essen, immer etwas Salat oder Obst vorher, mittags nie ohne Frischkost! Ein Wurstbrot hat zwar Kalorien zum Mästen, aber keine Vitamin- und Kraftstoffe zum Durchhalten! Ein ausge-sprochener *Mittagsschlaf ist nicht erwünscht: Nach dem Es-sen soll man nicht schlafen, sondern ruhen oder ein bißchen auf und ab gehen.* Der typische Mittagsschläfer verkalkt zu früh, weil die Nahrungsfette sich dabei zu sehr an den Gehirngefäßen ablagern.

8. Wenn man am *späten Nachmittag* mit der Arbeit fertig ist oder nach Hause kommt: *Duschen, möglichst auch die Kleider wechseln!* Auch seelisch fühlt man sich »wie neu geboren« nach einer Dusche (Temperatur nach Bedarf). Der berühmte Pfarrer Kneipp sagte einmal, *Ärger könne man abwaschen* – da ist etwas dran. *Auch in den Kleidern kann sich Müdigkeit* ansammeln – deshalb wechseln. In einem frischen Hemd oder einer neuen Bluse fühlt man sich gleich wieder besser.

   Nicht sofort sich auf das Essen stürzen! Wieder ein wenig entspannen, vielleicht eine Meditations- oder Yogaübung oder autogenes Training. Man sagt heute: Dazu habe ich keine Zeit! Wozu lebt man dann, wenn man keine Zeit hat zum »wirklichen Leben«?

9. *Abends nicht zu spät essen* (18 Uhr spätestens 19 Uhr). Ein Abendspaziergang danach lockert auf.

10. *Den Abend entspannt verbringen* – nur an wenigen Tagen in der Woche sollte man es sich leisten, bis 21 Uhr noch irgendwelche Arbeiten zu verrichten. Spät abends nicht mehr den Körper und das Gemüt mit irgendwelchen Dingen aufputschen, seien es heiße Bäder oder aufregende Fernsehkrimis: Das ist wohl auf die Dauer nicht das Ideale. Musik, die entspannend wirkt, ruhige Lektüre, Gedichte, Bilderbücher oder ein Steckenpferd – hat man dies alles durch das passiv machende Fernsehen vergessen?

11. Der Kreis schließt sich, der Tag klingt aus. 21 Uhr, *spätestens 22 Uhr* soll man ans Schlafen denken und *acht Stunden dafür reservieren*. Alle andere ist Raubbau – auf die Dauer natürlich; Ausnahmen sind möglich, solange sie nicht die Regel werden.

Im Rhythmus leben heißt gesünder leben!

Über das Seelische

Seele – was ist das? Keiner hat sie je gesehen, und alle reden von ihr. Wenn der Pathologe Virchow meinte, er hätte schon so viele Menschen operiert und nie eine Seele entdeckt, war das natürlich eine Provokation und kein Beweis.

Wir meinen heute, daß der Mensch eine Leib-Seele-Geist-Einheit ist. Der Geist kann nicht erkranken. Erkranken können nur Leib und Seele. Vom körperlich Lebendigen her erfüllen Drang und Triebe die Seele, vom Geistigen her Ordnung, Zielrichtung, Wahl- und Entscheidungsfähigkeit im Denken und Handeln. Die Seele ist das Kraftfeld der Reaktionen auf eine innere und auf die äußere Welt. Zu diesen Reaktionen gehören Liebe und Haß, Vertrauen und Mißtrauen, Glaube und Unglaube, Mut und Furcht, Freiheits- oder Zwangsgefühl. In diesen Reaktionen kommen die Beziehungen des Menschen zur inneren und äußeren Welt zum Ausdruck. Sind die Beziehungen ungenügend, inadäquat (nicht entsprechend), verworren, disharmonisch, so erkrankt die Seele. Die Beziehungen bilden sich aus dem Kräfteverhältnis zwischen Seele und Außenwelt. Die Machtäußerungen der Außenwelt können schließlich jede Seele zerschlagen.

Die Kraft der Seele aber wird bedingt:

1. Durch das Erbe.
2. Durch die Empfangsfähigkeit für die Einströmung geistiger Energie, d.h. durch die Intelligenz, welche Fähigkeit zu einem Teil von der Pflege des Körpers abhängt.
3. Durch die Ordnung der Ernährung.

Körperliches und Seelisches bedingen also einander: Was die Seele lähmt, sind:

- Hoffnungslosigkeit
- Liebesentzug
- Liebesunfähigkeit
- Glaubensverlust

Verdrängung von Problemen lähmt ebenfalls die Seele und ermüdet! *Als großes Ziel muß angestrebt werden: Mit sich selbst, mit dem Nächsten und mit Gott »im reinen zu sein«; abwehrfrei und spannungsarm der zu sein, der man ist.* Der Mensch als Einheit von Körper und Seele kann natürlich *Krankheiten vom Seelischen ins Körperliche »abschieben«:*

- Kränkungen können Herzschmerzen hervorrufen!
- Angst und Sorge können Schlaflosigkeit und nervöse Zerrüttung nach sich ziehen!
- Ungelöste Probleme können Magen-Darm-Geschwüre erzeugen!
- Aufregungen und Ärger können eine Gallenkolik auslösen!
- Dauernde Überlastung kann zum Herzinfarkt führen!
- Zornausbrüche können einen Schlaganfall verursachen!

Neuerdings geht man sogar so weit, *die seelische Situation als einen Risikofaktor für den Krebs* anzusehen. Man vermutet, daß es eine *Krebspersönlichkeit* gibt, d.h. bestimmte psychische Merkmale bei Krebskranken häufiger als bei Nichtkrebskranken auftreten.

Als stereotype *Merkmale bei Krebskranken wurden beobachtet:*

- Sich chronisch und rücksichtslos den Umweltgefahren (Luftverschmutzung, Zigarettenkonsum, angeschimmeltes Brot usw.) auszusetzen und sie bewußt zu ignorieren.

- Krankheitszeichen zu überspielen, geduldig zu ertragen, vor ihnen keine Beunruhigung oder Angst zu zeigen.
- Eine äußerst geringe Bereitschaft zur Erholung, zum Ausweichen vor Umweltgefahren und zur rechtzeitigen Behandlung von Krankheitssymptomen zu haben.

Von 120 untersuchten Krebspatienten nahmen 118 seelische und körperliche Überforderungen als Risiko für ihre Gesundheit nicht ernst, bei den Gesunden waren es nur 23 von 120. 54 Krebspatienten fanden nach gescheiterten mitmenschlichen Beziehungen oder nach Trennungen Ablenkung und Trost in schonungsloser Arbeit, von den Gesunden dagegen nur fünf. Meist forderten bei diesen Menschen schon die Eltern, daß sich das Kind streng an Normen orientiert, besonders an Normen der Leistung und Pflichterfüllung. Es wird bereits dem Kind jeglicher individuelle Spielraum genommen, seine sozialen Bedürfnisse zu äußern. So werden die Krebskranken schon von Kindheit an auf das falsche Gleis gestellt. Sie arbeiten endlos, erreichen aber nie ihr Ziel, geliebt zu werden. Sie trauen ihren sozialen Aktivitäten nie Bedürfnisbefriedigung zu und versuchen vergebens, unangenehmen und überfordernden Situationen auszuweichen.

Die Verknüpfungen zwischen Körper und Seele sind also untrennbar – und man könnte umgekehrt auch sagen: Seelisch verursachte Körperkrankheiten gibt es in dem Sinn gar nicht, weil unsere seelischen Vorgänge ja immer auch körperliche Vorgänge sind.

Solange unser übermäßiges Besitz- und Geltungsstreben, unsere Aggressionen, Hemmungen, Versagensängste, maßlosen Ansprüche (idealler und materieller Art) und unsere momentane Überschätzung der Sexualität nicht abgebaut werden, wird unser Glück wohl sehr bescheiden bleiben.

Zwischen Hemmung und Enthemmung liegt Mitte, Normalität, Gesundheit. Beide Extreme bringen großen seelischen Streß für sich und die eigene Umgebung. Bekanntlich kann man auf der Welt nicht alles haben: Man wird unterscheiden und sich entscheiden müssen!

Man wird auch lernen müssen, sein eigenes Leben zu leben. Viele Menschen leben heute ein »Leben aus zweiter Hand«: Wenn man in Illustrierten und im Fernsehen sich zu viel mit dem Leben anderer Leute befaßt, wird man aber immer unglücklicher. Man wird seelisch in eine Scheinwelt gedrängt, wird frustriert, und das eigene Leben verödet. Was hat es für das eigene Leben für eine Bedeutung zu wissen, mit wem wer momentan flirtet, welche Sorte Haferflocken ein Prominenter ißt, und warum er zwei Hunde statt einem hat? Hat man es nötig, sich am Klatsch und Tratsch anderer aufzuputschen und abzureagieren? Was scheren uns die Banalitäten dieser Leute? Kümmern die sich um uns? Sollen wir nicht unser Leben leben und all denen ohne Neugierde das ihre lassen*? Das ist Seelen-Hygiene!*

Hier muß man allerdings sagen, daß *Aufklärung in der Schule* beginnen müßte. Es scheint mir fatal, daß das Wort »Aufklärung« heute nur im Zusammenhang mit »sexuell« gebraucht wird – und alles andere? Körpergesundheit, Vorbeugung, Seelenhygiene? Das Grundwissen fehlt – und nirgends haben selbst intelligente Menschen größere Lücken als auf dem Feld der Gesundheit.

Eine Priorität in der Schule muß werden: Gesundheitslehre!

Es ist für den Menschen von größerer Wichtigkeit, die Quellen seiner Krankheiten kennenzulernen, als die Quellen irgendwelcher Flüsse! (Das kann er auf der Landkarte nachsehen!)

Man wird künftig in den Schulen eben auch die Grundsätze der psychischen Gesundheit lehren müssen. Hier zitiere ich ein geringfügig verändertes Schema von Hubert H. Scharl.

Er fragt: *Was sind die Kennzeichen einer erwachsenen, seelisch gesunden Person?* Und er antwortet:

1. Der Gesunde ist fähig zu lieben – in allen sozialen Rollen und besonders in der des Geschlechtspartners.
2. Die Fähigkeit zu arbeiten und in der Arbeit Befriedigung zu finden. Beim Durchschnittsmenschen liegen die Zielsetzungen innerhalb des Spielraumes praktischer Verwirklichung – der »Kreative« dagegen wird im Rahmen seiner »schöpferischen Unzufriedenheit« seine Ziele immer etwas höher ansetzen, als sie sich verwirklichen lassen. Der seelisch Gesunde hat dabei eine scharfe, kluge Einsicht in die eigene Kraft und Schwäche.
3. Der Gesunde ist zur Selbstbehauptung fähig, ohne dabei kriminelle Mittel einsetzen zu müssen. Er kann anderen behilflich sein, aber auch Hilfe annehmen. Er ist gegebenenfalls auch stark genug, Hilfe auszuschlagen.
4. Der Gesunde ist fähig, Freundschaften zu schließen, wo es angebracht erscheint, aber auch fähig zu entschiedenem und bestimmtem Verhalten; er biedert sich nicht an.
5. Die Fähigkeit zur einsichtigen koordinierten Zwecksteuerung, und zwar in einem weiten Lebens- und Aktionsbereich.
6. Dem seelisch Gesunden ist es möglich, innere Konflikte durch Kompromißbildung und Wahlentscheidung zu lösen, er verfügt so über eine ausreichende Belastungsfähigkeit.
7. Sein Glaube, sein Denken, alle Werte, die ihm teuer sind, werden ihm zur positiven Motivation für das Leben.

Nun wird man entgegnen, daß es im Medienzeitalter (Überfütterung durch Zeitung, Kino, Fernsehen, Radio) an Aufklärung nicht fehle. Gewiß – nur die *Einseitigkeit* der Auf-

klärung ist grotesk. (Ich las unlängst ein Buch über Ernährung. Die Summe der Ratschläge des Autors war, Ka-
viar der »billigen« Sorten, »Marke schwarzer und goldener
Malossol«, als Eiweißquelle zu bevorzugen!)

Hüten Sie sich also vor den schrecklichen Vereinfachern,
vor Menschen, die das Ei des Kolumbus anpreisen und Patentrezepte zur Hand haben – seien es Trimmfanatiker oder
Diätapostel. *Fallen Sie nicht auf allzu simple Patentrezepte herein: Es gibt keines, das allein glücklich macht. Gesundheit ist aus
tausend Faktoren zusammengesetzt:* Nur mit Yoga, nur mit Obst-
essig, nur mit Akupunktur oder mit Ginseng-Tee allein ist sie
nicht zu erwerben. *Gesundheit ist viel Arbeit (neben einer glücklichen Erbmasse, wie wir gehört haben), ist tägliche Disziplin,
stündliche Aufmerksamkeit.*

Jeder, der Ihnen Patentrezepte anpreist, sagt Ihnen vielleicht etwas Angenehmes, aber nichts Wahres. *Um Gesundheit muß man sich ein Leben lang kümmern.*

*Seien Sie skeptisch auch gegenüber den »wissenschaftlichen« An-
preisungen. Nicht alles, was heute wissenschaftlich bewiesen ist, gilt
morgen noch.*

Mehr gesunder Menschenverstand – wo ist der überhaupt hingekommen? Schöne wissenschaftliche Gutachten
für Margarine und Zahnpasta kann man von Professoren
kaufen – das ist alles menschlich – und Sie sind der Dumme,
wenn Sie heute alles glauben, was in der Zeitung steht und
im Fernsehen ausgestrahlt wird. Mehr kritischer Verstand –
der tut dringend not!

**Selbstüberschätzung, übersteigerter Ehrgeiz,
Machtgier, Eifersucht, Isolation und Frustration,
sinnloser Wettbewerb, Abhängigkeit von allen
Modetorheiten, Habenmüssen von sog. Statussymbolen:
Das alles führt über kurz oder lang zur seelischen
Disharmonie und damit zur Krankheit.**

Der berühmte Tier-Verhaltensforscher Konrad Lorenz hat ein Büchlein über *»Die acht Todsünden der zivilisierten Menschheit geschrieben«* und im einzelnen angeführt:

1. *Die Überbevölkerung,* die neben dem bekannten (wenngleich nicht wahrgenommenen) Aspekt der Hungersnot noch zu einem anderen führt: Nämlich zum Verlust des sozialen Kontakts, der dauernd überfordert wird. Das Zusammengepferchtsein führe außerdem zur Erschöpfung, zur Versandung zwischenmenschlicher Beziehungen und zu Aggressionen.

2. *Die Verwüstung des Lebensraumes* durch den Irrglauben, die Natur sei unerschöpflich. Weltmeere werden zerstört, Tier-, Pflanzen- und Pilzarten ausgerottet und damit das empfindliche Gleichgewicht gestört.

3. *Den Wettlauf mit sich selbst,* die ständige Angst, überholt zu werden, Angst vor Verarmung, Angst vor falschen Entscheidungen, Angst, nicht »in« zu sein. Überbewertung des Geldes, der schnellen Autos und endlos so fort.

4. *Der Wärmetod des Gefühls:* Dem instinktiven Streben nach Lustgewinn sieht Lorenz Grenzen gesetzt, nämlich das Auftreten von Verweichlichung als Folge. Wer alles immer sofort und immer das Neueste haben muß, endet in schrecklicher Lustlosigkeit. Das Goethe-Wort »saure Wochen – frohe Feste« verliert seine Bedeutung, weil das Saure gemieden und Freude dadurch unmöglich wird. Höhen und Tiefen des Lebens werden nivelliert, Licht und Schatten ein eintöniges Grau.

5. *Der genetische Verfall* zeigt sich nach Lorenz in der fortschreitenden Infantilisierung und Jugendkriminalität. Es wird sich in den nächsten Jahrzehnten und Jahrhunderten zeigen, ob die Erbmasse der Menschheit zur negativen Auslese tendiert.

6. *Das Abreißen der Tradition,* das die wissenschaftlich aufge-
klärte Jugend dazu verleitet, den ungeheuren Schatz von
Wissen und Weisheit über Bord zu werfen, der in der
Tradition jeder alten Kultur wie in den Lehren der
großen Weltreligionen enthalten ist. Der Autor fürchtet,
daß die jungen Menschen »die Eltern mit dem Bad aus-
schütten« – also daß die Jungen heute ähnliche Fehler
mit den Alten machen, wie früher umgekehrt. Falsch
war und ist beides: Blindheit auf beiden Seiten.
7. *Indoktrinierbarkeit:* Mit diesem Ausdruck meint Lorenz
die eigenartige Tatsache, daß Menschen eine Meinung
(Doktrin) aufstellen, der sich die Masse suggestiv unter-
wirft. Hitler wäre z.B. nicht möglich gewesen, wenn dieses Phänomen nicht existierte.
8. *Die Kernwaffen,* deren Bedrohungen psychologisch
längst eine Weltuntergangsstimmung erzeugt und insofern viel zum allgemeinen Pessimismus beigetragen haben.

Woran es heute auch vielen von uns mangelt, ist einfach die
Geborgenheit: Bei Menschen, die sie zu sehr erwarten, kann
dies bisweilen zur Enttäuschung führen. Der letzte Bezug
bleibt wohl der göttliche Urgrund. So könnte es gelingen,
daß der Geläuterte durch das Finden seiner Geborgenheit in
eben diesem göttlichen Urgrund fähig wird, seinen Mitmen-
schen jenes zu vermitteln, was er von ihnen nicht bekommen konnte.

Seelischer Mangelzustand durch versagte Anerkennung
kann zur Existenzfrage werden – bis zur Selbstaufgabe füh-
rend. Morgenmüdigkeit – Schlaflosigkeit – Schlaftabletten –
kein erquickender Schlaf – Abnahme der Leistungsfähigkeit
– Niedergeschlagenheit – Selbstwertkrise – Überaktivität –
Verkrampfung – Enthemmung – Depersonalisation: ein Teufelskreis!

Schmerz, Müdigkeit und Angst: Ich glaube, daß diese drei Phänomene zusammengehören und eine zielgerichtete Trias (Dreiheit) bilden, so daß *Schmerz* die vegetative Abwehr einer *akut* drohenden, *Müdigkeit* dieselbe vegetative Abwehr einer *chronisch* drohenden und *Angst* die vegetative Abwehr gegenüber einer in der *Zukunft* drohenden Gefahr darstellt.

Und überhaupt die Angst: Gemeint ist nicht die Furcht vor etwas *Bestimmtem,* sondern die Angst vor etwas, das man nicht definieren kann – man weiß also gar nicht, wovor. Solchen Ängsten liegen meist depressive Phasen zugrunde. Verspannungen und Schmerzen des Rückens hängen oft mit *seelischen Verkrampfungen* zusammen: »Die Angst sitzt einem im Nacken« oder »Man hat zuviel auf dem Buckel« – seelische Überlastung kann wie ein Zentnersack drücken!

Übermüdung sieht man im Gesicht: Die Ausstrahlung geht zurück. Die Augen werden glanzloser oder glänzen stärker (nervöser Glanz!). Die Haut ist fahler, stumpfer und erscheint faltiger. Die Wangen sind etwas entleert und hohler. Die Nasenflügel verlieren ihre Vibration, ihre Spannkraft. Die Augenbewegung ist herabgesetzt, die Augen werden »kleiner«, die Pupillen klein, das Haar struppig-stumpfer. *Anerkennung und Lob als entmüdende Faktoren! Wer sich anerkannt und geliebt fühlt, ist weniger müde!*

In unserer Zeit erreicht man leichter den Mond als die Herzen! *Der ermüdete Mensch verfügt über keine Abwehrkräfte* mehr. Er ist das geeignete Objekt für persönliche Versuchungen. Die Übermüdung hebt auch das moralische Unterscheidungsvermögen auf. Dem Müden verschwimmt nicht nur die äußere Welt vor Augen – auch seine Begriffe von Gut und Böse werden unklar. Er sieht sich außerstande, eindeutige Entscheidungen zu fällen. Man kann ihm kein klares Ja oder Nein abverlangen. So bewegt sich der Müde im Raum einer seltsamen Unverbindlichkeit, die ihn nicht schreckt, weil er sie gar nicht bemerkt.

Der **Müde** *gerät nicht nur mit seinen religiösen,*
sondern auch mit seinen alltäglichen Pflichten in
Rückstand. Sein Wille wird auf die Dauer geschwächt.
Seine Phantasie erschlafft. Er vermag seine Berufung
nicht mehr zu sehen. In dem großen Konflikt zwischen
Berufung und Genuß schlägt er sich rasch auf die
Seite des Genusses.

Die Zeit – die verlorene Zeit – ein Kampf zwischen uns und der Zeit hat angehoben, der kein Ende findet. Die Zeit wird zu unserer erklärten Feindin. Hier begegnen wir der Ermüdung in einer nachhaltigen und gefährlichen Form.

Die Resignation ist die Schwester der Müdigkeit.

Unordnung entnervt, ermüdet. Zimmer und Arbeitsplatz aufräumen! Nie den nächsten Tag mit dem Aufräumen der Unordnung des Tages vorher beginnen.

Morgenmüdigkeit: Sie darf man nicht nur auf den niedrigen Blutdruck schieben; man prüfe, ob nicht eine Angst vor dem Tag mit seinen Pflichten, Aufgaben, Bürden da ist.

Morgenmüdigkeit tritt besonders dann auf, wenn man eine Spannung auch nachts nicht abbauen kann.

Vorsicht: Wenn man etwas nicht tun will, hat man entweder keine Zeit, oder man ist müde!

Langsam, aber sicher wandelt schließlich die zunehmende vegetative Ermüdung den Gesunden im mittleren Drittel seines Lebens in den kranken Gesunden und diesen anschließend in den gesunden Kranken. Die meisten Menschen sind heute weder gesund noch krank – viele schleppen sich dahin, manche leben nicht, sondern vegetieren mit dem schweren Rucksack angestauter Müdigkeit.

Nur in der *Entspannung* – frei von Müdigkeit – ist der Mensch im Vollbesitz seiner körperlichen und seelischen Kräfte.

In der Entspannung

- arbeitet das Gedächtnis zuverlässiger;
- fließt einem mehr unterbewußtes Gedankenmaterial zu;
- ist man ruhiger;
- geduldiger, auch im Zuhören;
- aufmerksamer;
- geht man mit seinen Worten sparsamer um und kann dafür mehr Gewicht und Bedeutung in den einzelnen Satz legen.

Das Wichtigste: In der Entspannung ermüdet man weniger schnell.

Entspannungstechnik in Anlehnung an das autogene Training

- Zimmer abdunkeln, Lärmquellen möglichst ausschalten; beengende Kleidung öffnen;
- sich locker auf den Rücken legen – am besten flach auf den Boden (evtl. ganz kleines Kopfkissen);
- Beine neben- nicht übereinander, Fußspitzen locker nach außen fallen lassen;
- Arme locker neben den Körper legen;
- Augen weich schließen (Gefühl, daß die Oberlider schwer wie ein Vorhang herunterfallen);
- sich still sagen (vorstellen): »Ich bin ganz ruhig« und ca. eine Minute wiederholen;
- dann: »Die Arme sind ganz schwer«, eine Minute ungefähr;
- dann: »Die Arme sind ganz warm«, eine Minute ungefähr;

- und schließlich: »Die Atmung ist ganz ruhig« – man soll die Atmung gewissermaßen von innen betrachten, innerlich sehen bzw. fühlen, wie sich der Bauchraum ganz ohne Zwang füllt und leert;
- liegenbleiben und die Gedanken lassen, frei lassen, loslassen;
- man kann fünf Minuten, zehn Minuten oder länger liegenbleiben und wird – bei Ausdauer und Übung – die Schwere, Wärme und ruhigmachende Atmung erleben;
- man kann schließlich nach Einstellung der Körperentspannung auch die Vorstellungskraft auf autosuggestive Formeln lenken: »Ich bin gesund« oder »Ich bin angstfrei« und viele positive Gedanken, die einem im Moment wichtig und notwendig erscheinen;
- man muß dann die Entspannung »zurücknehmen«, um wieder voll wach zu werden; die Arme strecken, tief gähnen, Augen öffnen!

Am besten ist es natürlich, man macht einen Kurs für autogenes Training mit.

Freilich ist eine Methode wie z.B. das autogene Training nicht die einzige, sich zu entspannen. Viele schwören auf »ihre« Methode. Bedacht werden sollte trotzdem, ob es »zweckmäßig« ist, hier im Westen dem Yoga oder Zen-Buddhismus mit seiner Meditationslehre anzuhängen und zu vergessen, daß wir als Menschen, die wir *hier* eingeboren sind (in der Tradition der christlichen Lehre mit allen ihren Möglichkeiten), wahrscheinlich unser persönliches Glück leichter mit dem hier Vorhandenen finden werden. Die christlichen Kirchen bemühen sich zur Zeit auch, alte Formen mit neuen Inhalten zu füllen (siehe katholische und evangelische Akademien).

Das traurige Kapitel: Ich habe keine Zeit!

Sagen Sie nicht, Sie hätten für Entmüdung und Entspannung keine Zeit: Nur wer nicht rechnen kann, behauptet, er hätte für die Gesundheit keine Zeit!

Lassen Sie sich nicht hetzen – aber hetzen Sie auch selbst niemanden.

Wenn Sie mit der Zeit nicht zurechtkommen:

1. Lernen Sie, nein zu sagen gegenüber zu weit gespannten Interessen und Ansprüchen, die an Sie gestellt werden.
2. Stellen Sie die wichtigsten Dinge, die Sie tun müssen, auch an die erste Stelle.
3. Nehmen Sie sich besser gleich und sofort und jetzt die Zeit zur Erledigung der wichtigsten Arbeiten – Aufschieben bringt nichts.
4. Unterscheiden Sie zwischen dem Dringenden und dem Wichtigen. Machen Sie evtl. täglich eine Rangordnung für die Arbeiten.
5. Notieren Sie spätestens am Abend des Vortages, welche Arbeiten Sie am nächsten Tag erledigen müssen.

***Entsagen Sie der Hetze durch den Leistungszwang:
Berufsleistung, Freizeitleistung, Sexualleistung,
Konsumleistung, Trainingsleistung etc.***

Arbeit ja, Leistung ja, Übersoll nein, Ehrgeiz nein.
Und: Wer keine Zeit für die Gesundheit hat, der wird sie schließlich für die Krankheit haben müssen.
Übermüdet ist man, wenn man eher fertig ist als die Arbeit. Sind Sie eher als die Arbeit fertig?

Sich Zeit nehmen, ehe die Zeit zum Leben einem genommen wird! Ich habe viele ältere Menschen in der Sprechstunde bedauern hören, daß sie nie Zeit gehabt hätten für dieses und jenes, was sie gern gemacht hätten ... dann war es irgendwann zu spät. Hören Sie auf, mit der abgedroschenen Formel »Ich habe keine Zeit« zu hausieren.

Zeit haben zum Leben, wozu denn sonst?!

Dazu gehört allerdings ein Maß an *Planung, Voraussicht, Organisation.* Prüfen Sie, wie Sie sich systematisch ermüden: Heute besorgen Sie sich ein Paket Briefbögen, morgen stellen Sie fest, daß die Tinte zu Ende geht, übermorgen brauchen Sie Klebstoff, und drei Tage später müssen Sie wieder ins Schreibwarengeschäft, obwohl seit langem ersichtlich war, daß das Packpapier fehlt (im Sport nennt man das »timing« – ein bißchen voraussehen, was jetzt auf einen zukommt!).

Alles sofort erledigen! Ordnen!

Aufschieben macht müde! (Man muß innerlich ständig an der Sache »schieben«!

Dinge des nächsten Tages am Abend ordnen, nicht am anderen Morgen. Wenn man mit den Sachen des Vortages beginnen muß – wo soll die Freiheit für den Augenblick des Neuen bleiben? Kleider, Schuhe: abends aufräumen, Geschirr spülen – möglichst den Tisch schon für den anderen Morgen decken, Taschen etc. bereitlegen. *Hetze am Morgen wird am Abend vorher vermieden!*

Natürlich: Gute Vorsätze allein nützen nichts. Nochmal Goethe: Nicht nur etwas erkennen – es wollen und *tun.*

Entweder man ist an *seiner Gesundheit ein Mitgestaltender oder ein Leidender:* Man bekommt sie nicht geschenkt – nur wenige Menschen sind beneidenswert, weil sie scheinbar nichts für sich tun und trotzdem gesund sind.

Gesunde Lebensführung ist eine Ganzheitsbeschäftigung, d.h.,
man kann nur gesund bleiben, wenn man *auf die Dauer* für
die Gesundheit etwas tut.

Freilich hat der Mensch auch diese Art von Freiheit:
Nämlich bei ständigem Handeln gegen die Regeln der Vernunft, Frühinvalide zu werden.

Feierabend und Sonntag

Ich sehe es als ein Malheur an, daß viele von uns keinen wirklichen Sonntag mehr kennen. Die Frauen, die die Woche über mit der Arbeit nicht fertig werden, waschen und bügeln die Wäsche; Geschäftsleute sitzen am Sonntag über ihren Büchern und Steuererklärungen, und auf dem Land wird da und dort herumgebastelt und das Auto geputzt. Aber der Sonntag ist nicht dazu da, um Arbeiten zu erledigen, die man während der Woche nicht bewältigen konnte oder wollte. Ob einer in die Kirche geht oder nicht: Er muß einmal zur Ruhe kommen können und sich besinnen ohne beispielsweise vormittags fernzusehen.

Auf Autobahnen kann man sich nicht erholen – muß man wirklich ständig unterwegs sein? Viele alte Menschen erzählen, daß sie auch am Samstag gearbeitet hätten; am Sonntag aber war Ruhe. Und merkwürdigerweise erfährt man immer wieder dasselbe: Man hatte nicht annähernd all die Maschinen, mechanischen Hilfsmittel und »zeitsparenden« Fortbewegungsmittel wie heute – und hatte anscheinend Zeit für den Feierabend und die Sonntagsruhe. Ich habe den Verdacht, daß momentan vieles, was Arbeit, Feierabend und Sonntag betrifft, zerfließt, d.h. nicht mehr klar auseinandergehalten wird. Aber ein solches Zerfließen ermüdet; eine Struktur ist in allem, was uns umgibt – wenn der Mensch sie verliert, verliert er sich und seine Gesundheit. Früher galt es als ein ungeschriebenes Gesetz, daß am Samstag gegen 17 Uhr Schluß sein mußte mit der Arbeit. Noch heute kann man auf dem Land genau zu dieser Zeit die

Glocken läuten hören. Und nicht zuletzt verbietet auch der Gesetzgeber z.B. ruhestörende Arbeiten (Hämmern, Bohren, Sägen, Holzhacken, Rasenmähen) am Samstag nach 17 Uhr. Irgendwann muß der Mensch Ruhe haben – und man überprüfe, was man falsch macht, wenn man nie mit der Arbeit fertig wird, keinen bewußten Feierabend mehr einhält und Arbeiten am Sonntag erledigen muß, wozu dieser nicht gedacht ist. Man sei sich auch darüber im klaren, daß religiöse Vorschriften (Hygiene, Fasten etc.) nicht aus der Luft gegriffen sind: Deutlich ist gesagt, daß man sechs Tage arbeiten soll – am siebten aber ruhen.

Über das Schlafen

Wer gut schläft, hat mehr vom Leben!

Die Wissenschaft unterscheidet zwei Schlaftypen: Die einen erreichen normalerweise ihre erste sogenannte »Tiefschlafphase« in der Zeit um 22 Uhr und haben drei, vier solche weiteren Phasen bis gegen 4 Uhr morgens. Sie erwachen zwischen 6 und 7 Uhr als muntere Menschen – im Volksmund »Lerchen« genannt. Im Gegensatz dazu die »Nachtigallen«. Sie bleiben gern bis Mitternacht auf, ihre Tiefschlafphasen liegen zwischen 2 und 6 Uhr morgens. Sie erwachen zwischen 8 und 9 Uhr.

Und schon kristallisiert sich eine mögliche Ursache für Schlafstörungen heraus: Wer seinen Rhythmus nicht berücksichtigt – nicht berücksichtigen kann (Beruf, Familie, Lebensumstände) – wird mindestens zeitweise zu den zwölf Millionen Bundesbürgern zählen, die sich allnächtlich schlaflos im Bett wälzen. Ärztliche Statistiken belegen: Jeder fünfte Deutsche klagt über Schlafstörungen, jeder zehnte greift zur Schlaftablette.

Nachts laufen unsere Drüsen auf Hochtouren

Das Phänomen Schlaf kann die Wissenschaft bis heute nicht eindeutig und erschöpfend erklären. Prof. Dr. Wolf Müller-Limmroth (Direktor des Instituts für Arbeitsphysiologie an der TU München) sagt zum Beispiel: »Der Mensch schläft nicht, weil er müde ist, sondern um sich vor Übermüdung zu schützen.« Früher war man anderer Meinung. Da hieß es: Schlaf sei ein Umschalten des Organismus auf Sparflamme; er werde ausgelöst durch

a) ein Schlafhormon,
b) Anhäufung von Stoffwechselschlacken (Übermüdungsgiften),
c) Inaktivität der Hirnzellen.

Heute steht jedoch fest:

- Schlaf ist eine aktive Phase des Lebens. Die nächtliche Tätigkeit des Gehirns und vieler Körperdrüsen übertrifft oft die des Tages.
- Schlaf ist kein Verharren in einförmiger Bewußtlosigkeit, er verläuft in mehreren Phasen.
- Schlaf ist bei allen Menschen regelmäßig von Träumen begleitet. Schlaf ohne Träume oder von außen gestörter Traumablauf führt zu körperlichen und seelischen Beschwerden.

Das Schlafbedürfnis ist individuell völlig verschieden. Eine große Untersuchung ergab Schwankungen der Schlafdauer bei dreißig- bis fünfzigjährigen zwischen fünf und neuneinhalb Stunden, bei fünfzig- bis siebzigjährigen zwischen vier und elf Stunden. Daraus läßt sich allenfalls ein *Mittelmaß* berechnen: *zwischen sieben und acht Stunden für den gesunden Menschen.*

Und wie gesagt: Zwölf Millionen Bundesbürger sind Schlafgestörte. Sie haben entweder Einschlafschwierigkeiten oder Durchschlafstörungen, die auf mögliche organische Leiden hinweisen. Rund zwölf körperlich und seelisch bedingte *Ursachen für Schlafstörungen* bei sonst gesunden Menschen (ausgenommen also Hirnschäden, altersbedingte Arterienverkalkung, schwere Erkrankungen innerer Organe) sind bisher bekannt.

1. Zu niedriger oder zu hoher Blutdruck;
2. Herz- und Kreislaufschwäche;
3. Labilität des Nervensystems;
4. Schilddrüsenüber- und -unterfunktion;
5. Leichte oder chronische Entzündung der Atemwege;
6. Unentdeckte Zwerchfellhernie (Bruch);
7. Unentdecktes Zwölffingerdarmgeschwür;
8. Falsche Einstellung zum Schlaf (krampfhaft erwünscht oder unerwünscht);
9. Falsche Einteilung des Tages;
10. Störende Erwartungen oder Konflikte, Sorgen;
11. Einwirkung von Geräuschen, Licht, Temperatur;
12. Einwirkungen von Bett und Schlafraum.

Entsprechend dieser Liste sollten Sie sich einmal selbst beobachten. Wenn Sie dann glauben, Ihre Nachtruhe sei möglicherweise durch den Blutdruck, durch Mängel an Herz und Kreislauf, fehlerhafte Drüsenfunktion oder sonstige körperliche Beschwerden beeinträchtigt, sollten Sie zu einem Arzt oder Heilpraktiker gehen.

Manche Menschen haben Angst vor der Nacht

Wer das Einschlafen durch wiederholte Befehle an sich selbst erzwingen will, handelt bereits gegen die ungeschriebenen Gesetze des Schlafs. Hierzu schreibt Prof. Dr. Langen

(Klinik und Poliklinik für Psychotherapie an der Universität Mainz): »Viele Schlafgestörte fordern (von sich selbst) einen nahtlosen Übergang vom Tag zur Nacht. Ihnen fehlt der Feierabend. Sie müssen lernen, den Tag ... zu beschließen und ihm einen Feierabend anhängen, der mit Liebhabereien und beruhigend wirkenden Beschäftigungen ausgefüllt sein soll.« Was also unter Umständen bedeutet, daß Sie sich zur Feierabendgestaltung nicht gerade einen aufregenden Fernsehkrimi oder Horrorfilm ansehen sollten.

Problematisch wird das Einschlafen auch für diejenigen, die sich vor der Nacht fürchten. Sie haben Angst, nicht voll »da«, hilflos und ohnmächtig ihren Träumen ausgeliefert zu sein. Der Heilbronner Arzt und Schlaftherapeut, Dr. Werner Blunck, beschreibt diese sogenannte psychogene Schlafstörung: »Sie tritt bei Kindern mit Schulängsten und uneingestandenen Lügen auf. Junge Menschen mit sexuellen Bedürfnissen, Liebeskummer und Schuldgefühlen leiden darunter. Aber auch berufliche Konkurrenz, Störungen im ehelichen Zusammenleben, Spannungen mit der Umwelt rauben den Schlaf.«

Wenn Sie weder seelisch noch gedanklich gegen Ihren Schlaf »sündigen« und trotzdem über Störungen zu klagen haben – vielleicht ist Ihr Schlafzimmer schuld oder Ihr Bett. *Folgende Forderungen erheben die Schlafhygieniker,* jene Fachleute, die sich mit den äußeren Einflüssen auf den Schlaf befassen:

1. Ein *mittelhartes* Bett ist dem weichen, durchhängenden Schlaflager vorzuziehen. Der Schlafende kann sich frei bewegen, wird nicht durch die »Bettkuhle« festgehalten. *Keinen Federrahmen!*
2. Kopfkeil sowie hochgetürmte Kopfkissen sind zu vermeiden. Vorteilhafter für freie Atmung und entspannte Lage ist die *sogenannte Nackenrolle.*

3. Leichte *Decken aus Wolle* oder *Steppdecken mit Daunenfüllung* sollten endlich Großmutters schweres Federbett ablösen.
4. Möglichst *gute Abdunkelung sowie Isolierung gegen Schall* durch Fensterläden, Rollos oder Vorhänge.
5. Die beste *Temperatur im Schlafzimmer: zwischen 14 und 16 Grad bei 50 Prozent Luftfeuchtigkeit.*
6. Für zwei Personen mindestens 20 Quadratmeter Schlafraum.

Diese letzte Forderung übt Kritik an den in üblichen Miethäusern viel zu kleinen Schlafzimmern.

Schlafmittel sind ein besonderes Kapitel

Sie werden viel zu schnell, zu oft verschrieben und zu lange genommen. Auf einem Fachkongreß, der den Schlafstörungen gewidmet war, erklärte Oberarzt Dr. Klaus (Pharmakologisches Institut an der Universität Mainz): »Für die praktische Anwendung schlaffördernder Medikamente ist die Art der zu befürchtenden Nebenwirkungen oft entscheidender als der erwünschte Wirkungsgrad. Arzt und Laie sollten nicht gleich jeder schlaflosen Minute mit dem medikamentösen Holzhammer zu Leibe rücken.«

Mit Nebenwirkungen meinte Dr. Klaus sowohl die Gefahr der Gewöhnung bis hin zur Sucht. Aber auch die Belastung von Leber, Nieren und anderen inneren Organen durch die oft schwer im Stoffwechsel abzubauenden Chemikalien. Manche schwören ja immer noch auf das alte Rezept des »Schäfchenzählens«.

Es hilft nicht jedem; im Gegenteil: Es führt zur Verwirrung, statt zum Einschlafen. Wie es etwa einem Geschäftsmann geschah, als er den Rat seines Hausarztes – eben dieses alte Rezept zu versuchen – befolgte. Er kam am nächsten Tag in die Praxis dieses Arztes und erzählte: »Erst ging es ja noch, dieses Zählen. Aber als ich etwa hundert Schafe zusammen hatte, überlegte ich mir, was wohl die Wolle einbringen würde, dachte an den Lohn für den Schäfer, die Kosten fürs Scheren, den Transport der Wolle, rechnete mir Lieferbedingungen und Zahlungsfristen aus. Dann fiel mir auch noch ein: Um Himmels willen, was wird aus dem Geschäft, wenn die Maul- und Klauenseuche ausbricht? Geschlafen jedenfalls habe ich keine Stunde.«

Trotz bleierner Müdigkeit kann man nicht einschlafen

Trotzdem liegenbleiben, ruhig bleiben, entspannen (und evtl. autogenes Training: Schwere, Wärmegefühl und ruhige Atmung herstellen) – nicht aufstehen: Es finden ja auch im Ruhen (nicht nur im Schlafen) Regeneration und Erholung statt. Gerade dies sich immer wieder vor Augen führen!

Keine Panikstimmung!

Eine Tasse Melissentee mit einem Teelöffel Baldriantinktur eine halbe Stunde vor dem Schlafen: Der Versuch lohnt.

Wirklich genau prüfen, ob es nicht doch besser ist, wenn man früh zu Bett geht. Es gibt viele Stimmen, die betonen, *daß der Schlaf vor Mitternacht doppelt zählt!*

Sich weitgehend dem Sonnenrhythmus anpassen, sich nicht allzusehr einreden, man wäre ein Nachtmensch: Gewohnheit macht auch hier sehr viel aus!

Und von einem italienischen Arzt weiß ich ein recht banales Rezept: Vielen seiner Patienten, die nicht schlafen können, *rät er einfach, früh aufzustehen und zu arbeiten.* Nach ein, zwei Tagen sind sie so müde, daß sie in der dritten

Nacht mit Sicherheit gut schlafen. Und zu guter Letzt: *Im Winter braucht man ein bißchen mehr Schlaf.*

Tatsache ist, daß die meisten Menschen zuwenig schlafen oder ihren Schlaf falsch verteilen.

Und die schweren Störungen, die der menschliche Organismus im Laufe seines Lebens erleidet, entstehen dadurch, daß die Abnutzungen des Organismus durch mangelnden Schlaf nicht ausgeglichen werden. Der Mensch sollte – wie der Arzt Ludwig Schleich sagt – *die Hälfte seines Lebens ohne Bedauern damit zubringen, daß er schläft, und er würde die andere Hälfte seines Daseins um so genußreicher erleben.* Amerikanische und russische Forscher meinen sogar, daß der Mensch sein Leben um dreißig bis vierzig Jahre verlängern könnte, wenn er dauernd genügend Schlaf und *von Zeit zu Zeit zusätzlich noch einen Schlaftag oder gar ein Schlafwochenende einführen würde.*

Alte, einfache Rezepte für einen besseren Schlaf

1. Einen schlaffördernden Tee aus Melissenblättern, Hopfenzapfen (= Dolden) und Baldrianwurzel; die Mischung besteht aus:

   10 g Melisse
   10 g Hopfenzapfen
   50 g Baldrianwurzel

   Davon einen Teelöffel pro Tasse mit kochendem Wasser überbrühen und zehn Minuten ziehen lassen. Ein Teelöfel Honig zum Süßen verstärkt das Rezept; eine Viertelstunde vor dem Schlafen trinken.

2. Zur Abwechslung kann auch ein Rezept verwendet werden, zu dem schon Pfarrer Kneipp geraten hat:
Ein Glas warme Milch mit einem Teelöffel Honig.

3. Ein Lavendel-Duftkissen neben dem Kopfkissen wirkt seit alters her auf eine milde Weise einschlaffördernd. Auch kleine Kissen mit Hopfendolden können vorteilhaft sein.

Wetter und Wohlbefinden

Hier teilen sich die Menschen geradezu in zwei Gruppen: In die wetterfühligen und die anderen, die meinen, das mit dem Wetter wäre alles Einbildung ...

Wer hat recht? Die ersteren haben recht – das Wetter und das Klima haben einen großen Einfluß auf Gesundheit und Wohlbefinden – und glücklich diejenigen, die so stabil sind, daß sie wenig davon spüren!

Temperatur, Luftdruck, Luftfeuchtigkeit, Schwankungen des elektrischen Spannungspotentials (Gewitter!) Magnetfeldverhältnisse, Ozon- und Ionengehalt der Luft: Das alles sind entscheidende Faktoren, die auf den menschlichen Körper Einfluß nehmen. *Der Sensible, der Kranke und der Herdbelastete spüren diese Faktoren mehr oder weniger stark.*

Zunächst können wir *drei Klima-Zonen* registrieren:

1. *Das Schonklima:* Hier handelt es sich um trockenes Hochdruckwetter mit mäßiger Luftfeuchtigkeit und wenig starker Luftbewegung, keine allzu extremen Temperaturen. Hier fühlt sich der Mensch, auch der Kranke, das ganze Jahr über gleich wohl.
2. *Das Reizklima:* Hier ist die Luft kräftiger bewegt, vor allem an der Meeresküste, und die Temperaturen wechseln schnell und stark, vor allem in den Bergen. Für Gesunde ist es erträglich, kreislaufschwache und blutarme Menschen nimmt es ebenso wie Erkältungsanfällige zwar »mit«, im Ganzen gesehen werden sie aber gekräftigt. So werden vor allem Kinder, die sich nicht recht

entwickeln wollen, ans Meer geschickt. Nervösen und labilen Naturen allerdings »setzt dieses Klima zu, und Menschen mit Schilddrüsenüberfunktionen vertragen die jodreiche Meeresluft oft schlecht.

3. *Das Belastungsklima:* Wir haben hier hohe Luftfeuchtigkeit und stehende Luft. Im Sommer ist das Wetter schwül und stickig, im Winter feuchtkalt und nieselig. Das ist für Herz- und Kreislaufkranke sowie für Bronchitiker und Asthmatiker eine Last. Auch bildet sich bei zu wenig Luftbewegung leicht der gefürchtete Smog.

Mit welchem Bioklima hat man nun in einzelnen Teilen Deutschlands zu rechnen? Hier eine skizzenartige Übersicht:

Küstenregion: Bei rauhem, aber durchaus bekömmlichem *Reizklima* wird ständig jodhaltige Frischluft zugeführt. Kropfkranke kommen nicht vor, Schilddrüsenüberfunktionen verschlechtern sich. Die Sonne scheint häufig, ohne daß es zu heiß wird. Im Winter verhindert die Meeresnähe stärkere Fröste. Die feuchte Kälte ist allerdings für Menschen älteren Jahrgangs, die »es auf der Brust haben«, eine Belastung.

Norddeutsche Tiefebene: Das milde *Schonklima* wird allgemein gut vertragen. Im Winter ist es allerdings etwas feuchtkalt, was eben von Menschen mit empfindlichen Atmungsorganen nicht sehr geschätzt wird.

Mittelgebirgsrand: Besonders im Westen dieses Gebietes, gebildet durch Kölner Bucht und Rhein-Ruhr-Becken, herrscht unangenehmes *Belastungsklima*. Es ist häufig schwül-warm. Die stehende Luft hält auch Industrie- und Autoabgase fest.

Mittelgebirge: Unterschiedliche Witterungsverhältnisse sind hier anzutreffen. In den Hochlagen herrscht allgemein gut verträgliches *Reizklima*. In halber Hanghöhe dominiert eine sanfte *Schonzone*. Nur in den tief eingeschnittenen Tälern ist das Wetter *belastend*.

Rhein-Main-Becken: Hier herrscht das Belastungsklima vor. Eine gewisse feucht-schwüle Treibhausluft im Sommer setzt den Menschen zu, und in dem Gebiet zwischen Karlsruhe, Mainz und Frankfurt steht die Luft oft wie eine Glocke und hält die Industrieabgase fest.

Südostdeutschland: Vom Atlantik kommende Tiefs – die das Wohlbefinden beeinträchtigen – werden durch die Mittelgebirgskette (Schwarzwald, Odenwald, Spessart, Rhön) weitgehend abgehalten. Das Wetter wird folglich vorwiegend vom Osten her bestimmt, es ist überwiegend ruhiges, bekömmliches *Hochdruckwetter*. *Belastende Schwüle* herrscht nur in einigen Flußniederungen (Neckar, Donautal von Ingolstadt).

Alpenregion: Im Voralpengebiet beschert der Föhn zwar ein Bilderbuchwetter, es ist aber von Herz-Kreislaufkranken gefürchtet. In den Bergen ist *Reizklima*.

Berliner Region: Die »Berliner Luft« ist wirklich so gut, wie es im Schlager besungen wird! Man kann von einem nahezu idealen Klima reden: Die Temperaturen sind nicht zu hoch und nicht zu tief, die Luft ist nicht zu trocken und nicht zu feucht!

Nun kann zwar nicht jeder umziehen, der das Klima nicht verträgt. Wichtig ist für den Wetterfühligen, daß er herdfrei ist – siehe das entsprechende Kapitel. Und wer das Klima »aushalten« muß, möge immer wieder bedenken, daß ein Belastungsfaktor ihn kaum umwerfen wird, wenn er nur bereit ist, eine Reihe von anderen auszuschalten. Erst die Summe der Belastungen macht krank!

Vom Geheimnis des Jahreslaufes

Die Menschen – und es waren in früheren Zeiten vorwiegend bäuerliche Menschen, die der Natur zwangsläufig nahestanden – mußten jahrtausendelang auf das engste mit der Natur, der Jahreszeit, dem Wetter leben. Davon merken die Großstädter nicht mehr allzuviel: von der geheizten Wohnung ins geheizte Auto an den geheizten Arbeitsplatz. Wir sind verwöhnt und verlangen vom Fernseher und Radio, daß der Wetterbericht möglichst immer »schönes« Wetter ansagt. Dabei braucht die Natur Sonne *und* Regen, letzteres haben viele vergessen. Statt ständig Biergarten- und Grillwetter zu erwarten, sollte man sich besser auf die Jahreszeit und die tägliche Situation einstellen. Ist es an freien Tagen oder am Sonntag nur auf den Autobahnen schön und an Ausflugsorten? Mag niemand mehr es sich an einem Regentag zu Hause gemütlich machen? Hält's niemand mehr in Ruhe im Zimmer aus, lesend beispielsweise? – Ich stelle diese Fragen, weil alles ringsum jammert, wenn mal »schlechtes« Wetter – sprich bewölkter Himmel oder Regen vorherrscht!

Viel kann man von den alten Bauern lernen. Sie gehen bei ihrer Arbeit nicht nach dem gregorianischen Kalender, sondern nach der Natur und den sog. Lostagen: 25. Februar Frühjahrsbeginn; 25. Mai Sommeranfang; 25. August Herbstbeginn und schließlich der Eintritt des Winters am 26. November.

Nun wird man fragen: Aber was ist mit unserem heutigen astronomischen (= gregorianischen) Kalender und dem 21.

März, dem 21. Juni, dem 21. September und dem 21. Dezember? Diese Daten geben Auskunft über die Tag- und Nachtgleichen sowie den längsten und den kürzesten Tag – und nicht über die wahren Jahreszeiten.

Nun darf man nicht starr erwarten, daß es am 25. Februar schlagartig Frühling wird – das ist ja häufig auch an der astronomischen Tag-Nacht-Gleiche (21. März) nicht der Fall. Aber an der alten Bauernregel »Matthäus bricht das Eis« (24. Februar) ist viel Wahres. Man wird immer wieder sehen können – je nach Mond – daß um diesen Tag herum der Winter und die Kälte »brechen«. Nach altem katholischem Brauch ist St.-Petrus-Tag der folgende 25. Februar. Der Tag ist bereits viel länger geworden. Es liegt zwar noch Schnee, und es schneit und weht dazwischen auch immer wieder kräftig – und doch spürt jeder, daß der Winter keine Chance mehr hat, er nicht mehr ernst genommen werden muß. Der Saft in den Bäumen ist längst am Steigen – und die Luft riecht an lauen Tagen trotz aller Rückschläge nach Frühjahr. Der März steht unmittelbar bevor, die Sonne gewinnt an Kraft.

Im übrigen gingen (noch vor 100 Jahren) die Vorräte zu Ende, Nahrung wurde knapp, weniger zu essen war bei den einfachen und armen Leuten eine Notwendigkeit. Acht Tage von Buttermilch zu leben, das kenne ich noch von der Großmutter; Sauerkraut und der Saft davon: Nun war es an der Zeit, es aufzuessen und das Faß zu leeren. Im April folgte der Rest der Zwiebelvorräte; viel hineingeschnitten in ein Gemisch aus Kartoffeln mit kleingeschnittenen Löwenzahnblättern, angemacht mit Essig und Salatöl, Salz und Pfeffer. Das schmeckt so gut wie ein Kartoffelsalat mit Endivien im Herbst. Sauerkrautsaft kann man heute zur Frühjahrskur im Reformhaus kaufen, ebenso Brunnenkresse- und Brennesselsäfte. Jedes frische genießbare Kräutchen kann man im April und Mai nutzen. Und wer einen eigenen Garten hat, nimmt Feldsalat und die frischen Triebe der Winterzwiebeln.

Der Sommer beginnt auch nicht am 21. Juni, sondern im allgemeinen vier Wochen früher (man muß bedenken, daß zur Sommersonnenwende (!) die Lichtdauer bereits wieder abnimmt). Der eigentliche Sommeranfang ist der 25. Mai, der St.-Urbans-Tag, benannt nach dem Schutzheiligen der Weinbauern (wir können in den traditionellen Weinländern am Rhein, in Franken und in Südtirol diesen viel verehrten Heiligen – Papst Urban I. regierte von 222 bis 230 – mit Mitra und Weintraube dargestellt sehen). Ende Mai wissen wir aus Erfahrung, daß es oft eine heiße Woche geben kann, wie bisweilen den ganzen Juni und Juli nicht mehr.

Gegen Ende August, wenn die Hundstage vorbei sind, »steht dann der Herbst ins Haus«. Jeder kennt jene Abende, wo man sich überlegt, die Heizung für zwei Stunden anzustellen, weil es nicht »gemütlich« werden will. Das passiert also im meteorologischen Sommer regelmäßig von der letzten Augustwoche an – und mit Schaudern hören wir im Radio, daß in den Alpen bis auf 1 500 m herab Schnee fiel. (Ende August landen gelegentlich auf den Flughäfen braungebrannte, kurzbehoste Urlauber aus dem Süden: schlotternd vom kühlen Regen empfangen). Die ersten Erkälteten und Verschnupften tauchen auf, die versäumt haben, sich rechtzeitig einen Pullover anzuziehen (»mitten im Sommer!?«) und verbissen draußen sitzen wollten – »weil man das bei uns so selten kann« – und sich nicht umstellen wollen. Es darf erwähnt werden, daß der beginnende September bereits wieder der erste Monat mit dem »R« ist nach dem April – und diese »R-Monate« lückenlos die kühlen und kalten Monate signalisieren! Mag mancher sich modern und aufgeklärt dünkende Mensch lächeln – er soll sich aber die Frage stellen, ob sein Wissen ausreicht, die Natur zu erkennen und sich ihr sensibel einzuordnen (wovon man im Alltag wenig sieht).

Die Luft riecht schon Ende August anders, sie flirrt nicht mehr vor Hitze – mögen einzelne, energisch kürzer werdende Tage auch noch so warm sein.

Die ersten Frühäpfel (die weiß-grünen Klaräpfel) werden ebenso geerntet wie die Frühkartoffeln. Das Getreide ist Ende August längst in der Scheuer oder vielmehr im Großsilo. Der Stichtag 25. August gilt auf dem Land noch heute als Bartholomäustag. Als Kinder wußten wir auch: »Nach St. Bartholomä geht die Nuß aus dem Schnee« -d.h. daß die ersten, noch weichen Haselnüsse probiert werden konnten! Jetzt können die Nächte schnell kühl werden, und es tauchen meist schlagartig die ersten braunen Flecken an den Kastanienblättern (die zu jenen Bäumen gehören, die jährlich als erste ihr Grün-Chlorophyll umwandeln) auf. Man stellt zwar häufig fest, daß es alljährlich eben in der letzten Augustwoche schon »herbstelt« – aber bewußt wird es durch die falschen Fixierungen auf die meteoroloischen Daten des Kalenders kaum.

Schließlich ist es mit dem Winter ebenso: Er beginnt in diesem Sinne eben nicht am 21. Dezember. Der Beobachter kann es zumindest an zwei Phänomenen feststellen: Erstens, daß sehr oft in der ersten Dezemberwoche plötzlich Frosttage mit nächtlichen Tiefstwerten um minus 10 Grad Celsius auftreten und ungeschütztes Wasser und auch Wasserleitungen »überraschend« einfrieren; zum anderen, daß die schon ältere Autobatterie es am nächsten Morgen nicht mehr schafft. Gleichzeitig kann der aufmerksame Beobachter notieren, daß um den 21. Dezember und auch an Weihnachten oft nasses, temperiertes Wetter herrscht (sehr zur Enttäuschung der Kinder, welche Schlittschuhe und Skier, die das Christkind gebracht hat, nicht unverzüglich ausprobieren können). Wann aber wechseln die Jahreszeiten wirklich? Wenn wir den Nenntag 26. November (Konradstag) als den Beginn des Winters angeben, dann weiß jeder, daß dies mehr der Wirklichkeit entspricht als das Datum 21. Dezember: Anfang Dezember kann es (zumindest im Alpenvorland und Mittelgebirge) eine geschlossene Schneedecke geben, die bis Weihnachten liegenbleibt. Mit dem Herbst ist es längst vorbei: Die Farben sind verblaßt, das Laub abgefallen. Aktivitäten im Freien sind spätestens jetzt (wie letzte Arbeiten in der Landwirtschaft und spätherbstliche Wanderungen) beendet – schon an Allerheiligen oder ein paar Tage darauf können empfindliche Regen- und Schneeschauer den Friedhofsbesuch ohne Wintermantel zur schlimmen Erkältung werden lassen. Früchte müssen frostfrei gelagert, die Wasserleitungen im Freiland abgesperrt und empfindliche Pflanzen mit Tannenzweigen abgedeckt sein. Es wird oft gar nicht mehr richtig Tag, und der Mensch fühlt auch in seinem Inneren, daß er sich zurücknehmen möchte, Hektik und Gerenne eine Weile reduzieren muß. Zeit der Besinnung, Advent.

Naturbeobachtung und Naturbeachtung sind Teile unseres Handelns. Wieviel können wir nützen mit Aufklärung auf diesem Gebiet! Licht – Luft – Wasser – Bewegung – Ernährung: Stehen diese fünf Säulen nicht in einem direkten Bezug zur Jahreszeit? Fastenkuren wegen der Kälte des Winters eben nicht vor dem 25. Februar; Kneippkuren nicht in den reaktionsarmen Monaten August, November und Dezember. Unsinnig die Massenbewegung des Skifahrens zwischen Weihnachten und dem Dreikönigstag – wo seit alters her der Mensch im Haus und in der Stille und der Besinnung »zwischen den Feiertagen« und den zwölf Rauhnächten blieb. Verlieren jeglichen Gespürs für Kleidung – die mehr der Mode als der Jahreszeit angeglichen wird – statt dessen Gejammere über »schlechtes Wetter«. Wenig Anpassung der sportlichen Aktivität an die Erfordernisse des Jahreslaufs, ebenso wie der Speisezettel (unreifes, nicht schmeckendes, exotisches Obst zur falschen Zeit).

Meine Absicht aber ist nicht, eine Negativliste zu erstellen. Mein Vorschlag ist vielmehr: wieder mehr Anpassung an die Natur, mehr Beobachtung des Jahreslaufes, mehr Handeln im Einklang. Der Mensch ist und bleibt – trotz mancher Deformierung – ein Geschöpf der Schöpfung.

Über gesundes Wohnen

Man spricht heute schon von Baubiologie: Daß Menschen durch die Wohnumwelt krank, neurotisch und sogar kriminell werden können, hat man erkannt, nachdem in engen Satellitenstädten mit ihrem Beton-Hochhaus-Charakter das Zusammenleben sich als schwierig erwies. (Der Wiener Maler und Sänger Arik Brauer besingt sie als »Hühnerställe«).

In einigen Punkten sollen Mindestanforderungen für *gesundes Bauen* genannt werden:

1. Der *Bauplatz soll geologisch ungestört* sein, d.h. ein zuverlässiger Wünschelrutengänger muß vorher feststellen, ob keine ungünstige *Erdstrahleneinwirkung* vorliegt. Ein geologisches Reizfeld kann eine unterirdische *Wasserader oder eine Erdverwerfung* sein. Der Bauplatz soll *von Lärmquellen* entfernt und in einer *durchgrünten Siedlung* sein (und nicht in einer Betonwüste). An *Spiel- und Auslaufmöglichkeiten für Kinder* denken! Kinder brauchen Spielplätze am Haus und eventuell im Hinterhof – statt Garagen und Autoabstellplätze.

2. Die *Baustoffe sollen natürlich sein (z.B. Ziegel und Holz) atmungsaktiv,* ohne Schwitzwasserbildung, die Luftfeuchtigkeit regulierend, elektrisch neutral, keine statische Aufladung, durchlässig für das natürliche luftelektrische Feld, ohne bedenkliche Radioaktivität, geruchsneutral. Ohne giftige Ausdunstung, in jeder Form umweltfreundlich. Der Arzt Dr. H. Palm spricht in seinem Buch »Das

gesunde Haus – unser nächster Umweltschutz« von der Betonkrankheit *Stahlbeton schafft einen Faradayschen Käfig,* d.h., man ist wie auch im Auto in einem *Nullfeld.* Wörtlich: »In ihm wird das Leben genullt, wie Tausende von Untersuchungen ergaben. Die Vitalität von Lebewesen im Nullfeld sinkt schon in der ersten Generation auf ca. 50 Prozent ab. Chronisch müde wird der Mensch und leistungsschwach.

3. Die Bauweise soll den Baustoffen entsprechend *gute Schall- und Wärme- sowie Feuchtigkeitsisolierung haben,* vielgestaltig, familiengerecht, *den Garten, das Grün einbezogen,* der geordneten Siedlungsstruktur und der großräumigen Landschaft eingegliedert sein.

4. Die *Haustechnik* soll frei von gesundheitsschädlichen Wechselstromfeldern und Magnetfeldern bleiben. Einem gesunden Raumklima sollte die Technik untergeordnet werden. Dr. Palm spricht von den »Chemiekrankheiten« des Hauses: Bestimmte Plastikstoffe, Weichmacher, Farben, Lacke, Verkleidungen, *Kunststoffböden* und sogar Lampenschirme können *abdunstend* giftig sein.

Den »Elektrokrankheiten« muß ebenfalls strenge Aufmerksamkeit zukommen: Eine Leselampe über dem Kopf des Schläfers, eine unter Spannung stehende elektrische Leitung in der Wand am Kopfende oder seitlich am Bett, Fernsehapparat und Radio in der Nähe, ein Boiler und die Kühltruhe hinter der Schlafzimmerwand im angrenzenden Raum können allnächtlich schwere Schlafstörungen, Kopfschmerzen, nervöse Überreiztheit und »zerschlagenes« Aufwachen verursachen. Kinder werden unter diesen »Spannungen« konzentrations- und lernschwach, aggressiv.

Schließlich muß noch bedacht werden, worauf auch Konrad Lorenz hinweist: Es erzeugt Aggressionen, wenn man zu eng aufeinanderlebt. Lassen es die Verhältnisse zu, achte man darauf, daß jeder seinen Raum, seinen Platz hat. Man respektiere das auch beim anderen und dringe nicht zu häufig und unnötig in seine Sphäre ein.

Enges Zusammenleben kann Streß bedeuten!

Über gesunde Kleidung

Gesund sind Stoffe aus Baumwolle, tierischer Wolle und Seide. Kunststoffe verschlechtern die Hautatmung, verursachen eine ungünstige elektrische Aufladung, isolieren den gesamten Körper gegenüber den Strahlungen der Umwelt.

Kunstfaserstoffe nie direkt auf die Haut (als Unterwäsche z.B.), höchstens noch als ein Gemisch für Anzug oder Mantel – immer aber auf *möglichst hohen Wollanteil* achten.

Kleidung muß variabel sein: Sie muß Schwitzen und Frieren verhindern. Besonders der Unterleib soll warm sein – manche Mädchen und Frauen opfern hier ihre Gesundheit häufig der Eitelkeit (um zwanzig Jahre später mit drei Unterhemden und -hosen in der Sprechstunde zu erscheinen! Manche meiner Kollegen haben eigene Aus- und Anziehkabinen – weil sie im Sprechzimmer einfach nicht so lange warten können, bis diese Prozedur bei älteren Menschen abgelaufen ist. So kann man von einem Extrem ins andere fallen – statt gleich ein Maß zu finden)!

Manchmal hat die Mode außer Torheiten auch ihre gute Seite: Bibbernde Mädchen und Frauen mit blaugefrorenen Beinen sind im Hosenzeitalter von den Straßen verschwunden. Frauenärzte führen übrigens den Anteil an Unterleibserkrankungen (Eierstocks- und Eileiterentzündungen, Ausfluß z.B.) bis zu 50 Prozent auf ständige Auskühlungen zurück.

Kranksein ist nicht schick!

Bei den *dicken Schuhsohlen* der letzten Jahre (Plateausohlen) gab es einen Vorteil: Man steht über der Kälte und Nässe – das ist auch wichtig für alle, die auf Beton- oder Pflasterböden den ganzen Tag zubringen müssen. Und bei Regenwetter bekommt man keine nassen Füße …

Schönheit und Gesundheit

Beides verträgt sich gut miteinander – oft sind sie natürliche Freunde.

Wenn Sie schön sein wollen, sollten Sie

- nicht rauchen (Hautblutgefäße = Kapillaren verengen sich!);
- kein Übergewicht haben (macht die Haut faltig!);
- einen intakten Darm haben (Hautunreinheiten!);
- nicht verbiestert in Ihrer seelischen Situation sein (Ärger macht Falten, fahl und grau!);
- viel schlafen (macht frisch und strafft die Haut!);
- viel an der frischen Luft sein (durchblutet die Haut!).

Mannequins, Fotomodelle, Schauspieler wissen, daß dies mehr hilft als die teuersten Salben, Cremes (auch Hormoncremes) und auch all das teure und im Grunde überflüssige Zeug der kosmetischen Industrie. (Vorsicht auch mit Intim-Sprays, Desodoranzien und Haarfärbemitteln!) *Wasser, Sonne, Luft und eine Hautbürste vermögen mehr.*

**Und noch einmal: Ausgeruht und guter Laune
sieht man zehn Jahre jünger, strahlender aus!**

Mit der Sonne allerdings nicht zu großzügig sein: Nicht nur, daß in letzter Zeit im Zusammenhang mit Hautkrebs vor dem »Dauergrillen« gewarnt wird – Sonne im Übermaß trocknet die Haut zu sehr aus, gerbt sie und macht sie ledrig-faltig!

Maß halten!

Nicht sparen braucht man mit kaltem Wasser und pflanzlichen Hautölen: Davon kann die Haut profitieren.

Als Grundrezept täglich:

- Luftbad – Atemübungen
- Gymnastik – Trockenbürsten oder leichte Sonnenbestrahlung
- Ganzwaschung – leichte Selbstmassage mit Hautöl

Eine Kneipp-Kur zu Hause

Viele haben schon eine Kneipp-Kur in Bad Wörishofen oder anderswo gemacht, erfuhren vier oder sechs Wochen lang den Nutzen und die Heilkraft des warmen und kalten Wassers.

Aber mit einer gelegentlichen Kur ist es selten getan:

Vorbeugen ist besser als heilen

und deshalb gehört zum täglichen Gesundheitsprogramm auch die Kneippsche Wasserheilkunde. In sieben Punkten wird dargelegt, wie ein kleines Programm in jedem Haushalt ohne großen Aufwand durchgeführt werden kann.

1. Beginnen wir *morgens mit einer kalten Waschung.* Empfindliche können mit einer Unterkörperwaschung (rechtes Bein, linkes Bein, Kreuz, Bauch) oder Oberkörperwaschung (rechter Arm, linker Arm, Brust, Rücken) anfangen, vielleicht eine Woche lang, und dann zur *Ganzwaschung* übergehen. *Wichtig ist, daß man in einer halben bis ganzen Minute fertig ist und entweder sofort wieder ins warme Bett zurückgeht oder sich warm ankleidet und durch Bewegung erwärmt.* Die kühlen Waschungen wurden von Pfarrer Kneipp als vorzügliches Mittel zur Abhärtung bezeichnet. Man muß sie aber mindestens drei Wochen lang täglich durchführen. Für Frierer, katarrhempfindliche und kreislaufschwache Menschen ein einfaches und gutes Gesundheitsmittel; mit Waschlappen und einer Schüssel durchführbar.

2. Ein *Kreislauftraining* ersten Ranges ist am Morgen neben dem *Trockenbürsten* das *Wechselduschen oder -brausen.* Grundsätzlich wird *gut warm* bzw. *heiß begonnen – rechtes Bein, linkes Bein, rechter Arm, linker Arm* (»immer herzfern«) und dann am besten von den Schultern her den ganzen Körper (Kopf nicht). Falsch ist es, den Brausestrahl auf den Nacken zu lassen, also direkt auf die Wirbelsäule mit ihrem Nervengeflecht, sondern grundsätzlich daneben. *Ist der Körper gut durchgewärmt, dann kalt oder,* wer sich davor scheut, *kühl temperiert* duschen. Reihenfolge wie vorher: *Tief durchatmen.* Da kann nichts passieren – es sei denn, man hätte schon ein total verkalktes Gefäßsystem. *Sekundenlang nur duschen.* Mit diesem einmaligen Wechsel kann man die Prozedur beenden – aber es ist von verstärkter Wirkung, wenn man darauf nochmals warm-kalt gibt. *Grundsatz bei allen Wechselanwendungen: Mit warm beginnen, mit kalt enden.* Abfrottieren, etwas Bewegung.

3. Als eine *herzerfrischende* kleine *Aufmunterung:* Gegen 11 Uhr vormittags empfiehlt Kneipp *das kurze, kalte Armbad.* Jedes Waschbecken ist zur Durchführung geeignet. Volllaufen lassen, so kalt wie möglich, Ärmel hochstreifen, langsam bis Mitte Oberarm eintauchen und dreimal tief ein- und ausatmen. Arme herausnehmen, abstreifen, außer den Händen nichts abtrocknen, mit Ärmel bedecken und mit leichter Armgymnastik für sofortige Wiedererwärmung sorgen. Wirkt erfrischend, herzstärkend, blutableitend. Aber nicht unmittelbar vor oder nach dem Mittagessen durchführen und nur mit warmen Händen. Das geht auch während der Bürostunden – es fördert die Konzentration.

4. Manche älteren Menschen, die mit dem Magen oder dem Leber-Galle-System Schwierigkeiten haben, täten gut daran, sich nach dem Mittagessen mit einer *feucht-*

heißen Kompresse auf das entsprechende Verdauungsorgan hinzulegen. Man benötigt ein Frottiertuch und kochendes Wasser, faltet das Handtuch schmal und lang, taucht es ein, windet es gründlich aus und legt es, so warm wie möglich (wie verträglich) auf. Mit einem Gummi- oder Plastiktuch abgedeckt, hält die Kompresse zwanzig bis dreißig Minuten gut ihre Wärme. Die verdauungsfördernde und schmerzstillende Wirkung dieser einfachen Anwendung ist immer wieder erstaunlich. Man kann sie beliebig oft wiederholen.

5. Am Nachmittag zwischen 15 und 17 Uhr ist die beste Zeit für ein *Wechselarm- oder Wechselfußbad*. Der berufstätige Mensch kann es anwenden, sobald er zu Hause ist; bis zum Abendessen sollte dann allerdings noch eine halbe Stunde Abstand sein. – Die Anschaffung zweier Arm- oder Fußbadewannen (Wasser muß bis unter die Kniekehle gehen – korrekter müßte es also Unterschenkelbad heißen) aus Plastik lohnt wirklich. Ob man sich für ein Wechselarm- oder -fußbad entscheidet, hängt mit dem Befinden zusammen: *Armbäder* sind bei allen Herzkrankheiten organischer oder nervöser Form angebracht, Asthma, Bronchitis, Durchblutungsstörungen der Arme (»Einschlafen«, Kribbeln) oder auch Rheuma der Hände, Finger.

Wechselfußbäder kann man bei Durchblutungsstörungen der Beine, ständig kalten Füßen, Blasen- und Nierenbeschwerden, Unterleibsbeschwerden (nach Rücksprache mit dem Arzt oder Heilpraktiker) und überhaupt zur Ableitung von Blutandrang zum Kopf und zur generellen Kreislaufverbesserung anwenden.

Die Durchführung ist relativ einfach: Eine Wanne wird mit kaltem Wasser gefüllt, die andere mit warmem von 37 bis 39 °C. Begonnen wird grundsätzlich wieder warm, fünf Minuten lang. Dann drei Atemzüge lang (zehn bis zwanzig Sekunden) kalt, sofort wieder warm, fünf Minuten, und schließlich kurz mit kalt enden. Abtrocknen. Der zweimalige Wechsel wird heute in den meisten Kneipp-Kurheimen praktiziert. In das warme Wasser kann man als *Zusätze Heublumenextrakt* (Rheuma, Durchblutung, Wärmebildung) oder *Fichtennadelextrakt* (Herz-Kreislauf, Asthma, Bronchitis) geben und damit die Wirkung verstärken. Ruhen muß man anschließend nicht. Solche Übungen über Wochen durchgeführt, unterstützen die übrige Behandlung oder Arznei.

6. Beschlossen werden soll diese »Kneipp-Kur der geringen Kosten« mit einem *Tip zur Nacht:* der *schlaffördernden Unterkörperwaschung.* Im Prinzip der Durchführung sei an Nr. 1 – Waschungen – erinnert; man muß hier aus dem warmen Bett heraus die Waschung (kalt) des Unterkörpers durchführen und sofort ohne Verzögerung ins warme Bett zurückkehren. Warme Füße sind Voraussetzung – sonst lasse man diese Anwendung besser und wende statt dessen vor dem Schlafen ein einfaches warmes (nicht heißes – das regt eher an!) Fußbad an (37 bis 39 °C, zehn Minuten Dauer). Kneipp nannte diese Waschung auch Schlafwaschung, sie leitet das Blut und damit den Gedankenfluß vom Kopf ab, beruhigt und »zieht den Schlaf herbei«.

7. Statt Nr. 6 kann man auch das noch kräftiger wirkende, allerdings auch mehr für *robustere Naturen gedachte kühle Halbbad* anwenden: Man läßt in die Wanne zur Hälfte kaltes Wasser einlaufen und geht ins Bett. Fühlt man sich dort warm und hat man mit seiner Eigenwärme das Bett angewärmt, dann geht man bis zum Nabel in das kalte Wasser (darum »Halbbad«), atmet dreimal tief durch, streift das Wasser ab, trocknet nur die Füße ab und geht unverzüglich ins zugedeckt gebliebene Bett zurück. Der Verdunstungseffekt löst eine kräftige Durchblutung des

ganzen Unterkörpers aus, leitet den Blutandrang von Kopf und Herz ab, beruhigt und hilft oft erstaunlich schnell, einen natürlichen und tiefen Schlaf herbeizuführen.

Die Körperreaktion mit Wärme auf einen Kältereiz ist das *Ideal an Temperaturregelung.* Die Durchblutungssteigerung auf eine Wärmeanwendung ist also relativ passiv gegenüber der *aktiven Wärmebildung des Organismus nach einem Kältereiz,* der eine echte Leistung des Körpers darstellt. Die Tendenz der Zeit geht mehr und mehr zur Eigen-Aktivität in Sachen Gesundheit. Viele Menschen erkennen heute, daß es nicht genügt, dreimal täglich Tabletten und Tropfen zu schlucken, sondern daß man selbst mitmachen muß, wenn man gesund bleiben will. Hier kann also jeder bei sich ansetzen. Was er nicht vermag, das vermögen Kneipp-Kur-Anstalten und medizinische Bade-Einrichtungen, die es heute schon allerorten gibt.

Pflege der Haut und der Atmung

Zu den Grundfunktionen unseres Organismus rechnen wir das Hautsystem, den Darm, die Atmung, den Schlaf und die weibliche Regel.

1. Die Haut

Hautpflege ist Nervenpflege! Den Tag mit Trockenbürsten des ganzen Körpers beginnen, das ist auch Kreislaufpflege! *Gutes Hautöl verwenden* – man denke an die alten Griechen, die aus dem täglichen Einölen des Körpers einen regelrechten Kult entwickelten.

Wechselduschen zur Hautpflege: warm – kalt (nur Sekunden), evtl. das Ganze wiederholen.

Dann das Schwitzen: Das biblische »im Schweiße deines Angesichts ...« ist wohl nicht ohne Bedeutung. *Sauna ist als passives Schwitzen zwar gut, aktives Schwitzen durch Arbeit und Bewegung noch besser!* Passiv schwitzen kann man durch heiße Bäder, durch Sonnenbäder, durch Sauna. Grundsatz: nicht übertreiben! *Die Sauna* hat sich in den letzten Jahren deutlich durchgesetzt. Wer einen schwachen Kreislauf hat – und den haben fast alle Büromenschen – dem ist die Sauna noch lange nicht verboten. Herzkranke und Menschen mit hohem Blutdruck sind natürlich ausgenommen. Zwei Gänge, Temperatur 70 bis 90 °C, Nachruhen, evtl. Massage. Einmal die Woche. Durch die Sauna abzumagern, ist allerdings eine Illusion.

Das aktive Schwitzen ist durch die Trimm-Bewegung propagiert worden. Leider gibt es nun auch hier Auswüchse: Wer die ganze Woche über auf einem Bürostuhl sitzt, kann am Wochenende nicht plötzlich sportliche Hochleistungen vollbringen.

Zum *Bad als Hautpflege* darf noch gesagt werden, daß die kurzen und heißen japanischen Bäder nicht ungünstig sind: Nur einige Minuten, anschließend kurz kalt abduschen – *das entmüdet,* während lange heiße Bäder strapaziös sind und anschließende Nachruhe von einer halben bis zu einer Stunde erfordern.

Vorsicht: Abends ein anstrengendes heißes Bad hat manchen schon um die Nachtruhe gebracht (regt Herz und Nerven zu sehr an).

Morgens und abends Luftbäder im Zimmer oder im Freien – das ist Hautpflege. *Sonnenbäder mit Verstand:* Das beliebte Braten wie am Grill läßt die Haut welk und alt werden – der Augenblickseffekt der modisch gesunden Bräune wird später bezahlt!

Kopf, Nacken und Schilddrüse (Hals) sind bei Sonnenbädern grundsätzlich zu schützen. Sonnenbrand vermeiden – d.h. langsam steigernd die Sonnenbestrahlung durchführen. *Sich in der Sonne leicht zu bewegen ist günstiger als zu braten.* Richtig angewendet, ist die Sonne eines der größten Heilmittel, die wir haben. Nur das Fasten kommt ihr noch gleich.

Die Atmung

Wer in der Stadtdunstglocke wohnt, muß wohl zumindest am Wochenende hinaus – obwohl es ja wieder ein zusätzlicher Streß ist, heute an Samstagen aus den Städten herauszukommen. Der Großstädter muß seine Lungen irgendwann wieder mit Sauerstoff vollpumpen.

Verbrauchte und verpestete Luft ermüdet und macht schließlich krank. Heizungen, Autos, Industrie: Wer lange genug in der Stadt lebt, merkt es traurigerweise schon gar nicht mehr, in welchem Gestank er atmet.

Gute, reine Luft ist ein Vitalisierungsfaktor ersten Ranges. Kräftiges Durchatmen senkt den Blutdruck – das müssen alle wissen, die an hohem Blutdruck leiden. Der Wiesbadener Arzt Prof. Tiralla hat allein mit Atemübungen Bluthochdruck in vielen Fällen erfolgreich behandelt.

Das ewige Thema Rauchen

Eigentlich wollte ich auf dieses Thema, über das soviel in Presse und Fernsehen berichtet wird, nicht speziell eingehen. Und zwar keineswegs deshalb, weil es nicht wichtig wäre, sondern weil ich meine, daß heute jeder informiert sein müßte. Jeder weiß nämlich inzwischen, daß Rauchen nicht gesund ist. Einige wenige wollen es zwar noch immer nicht wahrhaben – machen sich aber selbst was vor. Es geht also nicht mehr um weitere Aufklärung, sondern um den nicht leichten Entschluß, mit dem Rauchen aufzuhören. Das ist allerdings schneller gesagt als getan. Ein Wundermittel gibt es auch dafür nicht – weder die Akupunktur noch die Hypnose sind im Grunde zuverlässig. Das Entscheidende ist und bleibt:

1. *Der Wille zum Aufhören.* Auch wenn man schon mehrmals wieder schwach geworden ist: Es sich trotzdem wieder vornehmen. Nur nicht resignieren, ja nicht aufgeben! Das ist das Wichtigste.
2. *Leichter ist es auf alle Fälle, ganz aufzuhören als die Zigarettenmenge einzuschränken.* Sich vorzunehmen, statt dreißig nur mehr sieben Stück pro Tag zu rauchen, funktioniert selten. Es geht am besten radikal.
3. Man kann sich natürlich einiger Tricks bedienen (keine Zigaretten ins Haus schaffen, eine Zigarette nur zur Hälfte rauchen, morgens nicht vor dem Frühstück rauchen, nur in Ruhe rauchen, nur nach dem Essen rauchen usw.). Alles dies ersetzt den *entscheidenden* ersten Punkt aber nicht: *Den Willen zum radikalen Aufhören!*

4. Wenn man aufhört, ist es nützlich, *auf das Gewicht zu achten*. Viele nehmen zu, weil der Appetit sich zunächst erhöhen kann (man also ins Essen ausweicht) oder man auch mehr nascht. Ein medizinischer Kaugummi, wie er für die Zahnreinigung in Apotheken zu kaufen ist, kann als Übergangshilfe dienen.

Vorsicht auch vor »leichten« Zigaretten! Auch sie sind keineswegs harmlos!

Man mache sich klar, daß man in der Großstadt unter der ständigen Dunstglocke aus Auto-, Heizungs- und Industrieabgasen nicht auch noch rauchen kann! Damit *verdoppelt man die Giftstoffe! Eine Belastung ist schon zuviel* (Rauchen oder Stadtabgase) – *zwei können tödlich sein.*

Und wenn immer wieder angeführt wird, daß der rauchende Großvater ja trotzdem über 80 geworden ist, so muß man wissen, daß er aus seiner Umwelt und Nahrung *insgesamt viel weniger Gift aufnahm als wir heute.*

Gefährlich wird ein Genußmittel erst, wenn es zum Suchtmittel wird! Die Lebenserwartung der Frauen – in Deutschland drei bis vier Jahre höher als bei Männern – ist neuerdings im Sinken! Stark vermutete Mitursache: *Mehr Frauen als je zuvor rauchen.* Lungen- und Bronchialkrebs nehmen verheerend zu. Herzinfarkt wurde in den letzten Jahren mit steigender sogenannter Emanzipation häufiger.

Prof. Ulrich Gottstein: »Nicht der Streß der Arbeit, sondern der hohe Konsum an Zigaretten ist die Hauptursache des Herzinfarktes.«

Nikotin + fettes Essen + wenig Bewegung + Übergewicht: Da ist die Katastrophe sehr nahe.

Außerdem ist besonders bei Raucherinnen die frühe Faltenbildung im Gesicht und die schlechter durchblutete Gesichtshaut auffällig. Starke Raucherinnen sehen dadurch wesentlich älter aus.

Was jedermann wissen sollte:

Raucher bauen *ab*:

- ihre körperliche Leistungsfähigkeit
- die Sauerstoffversorgung ihres Gehirns
- die Verantwortung gegenüber sich selbst
- die Abwehrkraft gegen Krankheiten
- ihre eigene Lebenserwartung
- ihre sexuelle Potenz und *die mitmenschliche Rücksichtnahme!*

Raucher bauen *auf*:

- ihre Frühinvalidität
- die Tabakwirtschaft
- das Gefühl, »in« zu sein
- die Werbewirtschaft – teilweise
- die Verantwortungslosigkeit gegenüber sich selbst
- die Staatsfinanzen mit jährlich ca. 9 Milliarden
- die Umsätze der Ärzte und Krankenhäuser und *die mitmenschliche Rücksichtslosigkeit!*

Das Risiko Herzinfarkt

Die Weltgesundheitsorganisation WHO hat folgende Empfehlungen herausgegeben:

- Das Zigarettenrauchen einzustellen.
- Übergewicht zu vermeiden und weniger zu essen.
- Den Anteil der gesättigten Fettsäuren zu verringern: fettes Fleisch, fette Wurst, Milchfett und gehärtete Margarine.
- Eigelb zu vermeiden.
- Getreideprodukte, Früchte, Gemüse, Salate, Öl und weiche Margarine zu verwenden.
- Hohen Blutdruck kontrollieren und behandeln zu lassen.

Es wurde von diesen Experten vor allem aber auch empfohlen, *den Streß zu vermeiden*. Ursprünglich, in den früheren Jahrhunderttausenden des Jäger- und Sammlerdaseins, waren die physiologischen Veränderungen im Körper, die heute als Streßreaktionen bezeichnet werden, darauf ausgerichtet, den Organismus im Kampf auf Leben und Tod zu entlasten: Wenn dem Menschen Gefahr droht, erhöht sich die Gerinnungsfähigkeit des Blutes – Wunden schließen schneller. Bei Zivilisationsmenschen des 20. Jahrhunderts ist diese Körperreaktion relativ sinnlos – nach wie vor aber wird bei Belastungen (Arbeit unter Druck, ständige Aufregungen, Streit mit Mitarbeitern und Vorgesetzten), die Gerinnungsfähigkeit des Blutes erhöht und der Infarkt begünstigt.

Als Todesursache Nr. 1 haben wir in Deutschland nach wie vor Herz- und Kreislaufkrankheiten – sie rangieren noch vor dem Krebs. Die Herzkranzgefäßverkalkung (eine mit Fetteinlagerungen einhergehende Verhärtung und Verengung) hat in allen *Wohlstandsländern* enorm zugenommen. Besonders Männer zwischen dem vierzigsten und fünfzigsten Lebensjahr sind davon betroffen. In Amerika ist die Sterblichkeitsquote *durch Aufklärung* leicht im Zurückgehen. Die Japaner sind weniger betroffen – sie nehmen im allgemeinen nicht so viele Kalorien zu sich. Auch die Franzosen und die Italiener haben vergleichsweise niedrige Quoten: Man vermutet, daß sich der geringere Verzehr an gesättigten Fetten (z.B. Schweinefleisch) positiv auswirkt. Was sind überhaupt ungesättigte Fettsäuren, die den Cholesterinspiegel senken? Wie aus der Tabelle zu ersehen ist, sind es vor allen Dingen *Pflanzenöle,* die günstig wirken. Die sogenannten gesättigten Fettsäuren hingegen sind tierische Fette, die ungünstig sind.

Was ist überhaupt Cholesterin? Cholesterin ist eine fettartige Substanz, die zum großen Teil vom Körper selbst produziert wird und für die Zelle und den Hormonhaushalt wichtig ist. Es ist aber auch der Grundbestandteil der wachsähnlichen Ablagerungen in den Arterien, dem Erscheinungsbild der Arteriosklerose. Tierische Fette enthalten also Cholesterin, Pflanzenöle und -fette keines. Sehr cholesterinreich sind Hirn, Nieren, Ei, Butter, Leber – in der Reihenfolge des höchsten Anteils.

Bei Frauen ist das Risiko geringer, an Herz und Kreislauf zu erkranken und zu sterben. Man vermutet einen günstigen Einfluß eines weiblichen Sexualhormons. Allerdings ist die Rate im Ansteigen: Doppelbelastung vieler Frauen (Beruf und Haushalt), Leistungsdruck, durch Emanzipationsbestrebungen, verstärktes Zigarettenrauchen – besonders zusammen mit der Pille. Früher hat man gedacht, daß nur stark in

Tab. 1: Fettsäurenzusammenstellung verschiedener Fette

	Gesättigte Fettsäuren in Prozent	Mehrfach ungesättigte Fettsäuren in Prozent
Sonnenblumenöl	8	65
Sojaöl	14	62
Maiskeimöl	14	57
Baumwollsaatöl	25	50
Erdnußöl	19	31
Olivenöl	19	8
Kokosfett	91	2
Schweinefett	43	8
Rinderfett	54	3
Milch/Butterfett	60	3

der Verantwortung und im Arbeitsstreß stehende Männer einen Herzinfarkt bekommen können (Managerkrankheit). Heute muß man auch dies korrigieren: Alle Menschen sind infarktgefährdet, wenn sie die Risikofaktoren (siehe oben) nicht beachten.

Die Summation macht's!
Eine Sache wirft den Menschen nicht um,
wenn aber drei oder mehr zusammenkommen,
ist er gefährdet!

Über die Bewegung

Die »Trimm-Dich«-Idee ist gut, aber häufig einseitig. Es geht nicht so einfach, daß man sonntags durch zehn Klimmzüge, Dauerlauf, zwanzig Hüpf- und Schwungübungen an Gesundheit das nachholen kann, was man die Woche über tagtäglich versäumt. Es ist lächerlich, am Montag dann wieder in den zweiten Stock einen Lift zu benutzen, auf Rolltreppen stur stehenzubleiben und wegen eines halben Kilometers ein Fahrzeug zu benutzen.

Stubenhocker werden nicht alt! Man lese das deutlich im Kapitel über die Hundertjährigen nach!

Man hat es ausprobiert: Wenn man einen gesunden jungen Menschen drei Wochen ins Bett steckt, ist er danach fast unfähig, aufzustehen. Sein Kreislauf ist durch »Rasten eingerostet«. – Die Konsequenz: Je weniger Sie sich bewegen, desto schlechter wird Ihr Kreislauf.

Man kann sich nicht nur überarbeiten, sondern auch *überschonen!*

Große Schwierigkeiten entstehen oft durch plötzliches Nachlassen körperlicher Leistung (Sport, Beruf) – d.h., wer Sport treibt, darf nie zum Stubenhocker werden, und wer bis zum 65. Lebensjahr (körperlich) belastet war, darf nicht zum plötzlichen Clubsessel-Rentner werden. Das ist auch der Grund, warum Hochleistungssportler oft gar nicht alt werden: Sie hören zu kraß auf. Der Schriftsteller und Wanderer J. G. Seume (1763 bis 1810) sagte schon: »Im menschlichen Leben ginge alles besser, wenn der Mensch mehr ginge.« Allerdings müssen wir hierzu die Meinung von Prof. Hollmann hören: »*Spazierengehen oder Wandern* ist zwar erholsam für das vegetative Nervensystem, wirkt beruhigend und ausgleichend. Herz und Kreislauf jedoch werden damit nicht trainiert. Zimmergymnastik ist zwar günstig für Beweglichkeit und Geschicklichkeit, wirkt sich jedoch nur unerheblich auf Herz und Kreislauf aus. *Liegestütze und Kniebeugen* etwa sind von keinem großen Nutzen; für ältere Menschen unter Umständen sogar gefährlich ...«

Auch die Sonntags-Wanderer bewegen sich oft nicht ausreichend: Vom Autoparkplatz bis zur nächsten Ausflug-Gaststätte ist zu wenig!

Eine durch Passivität verlorengegangene Leistungsfähigkeit in den mittleren Lebensjahren kann man durch Training zurückgewinnen: *Bereits in den ersten vier Wochen* können Sie durch körperliches Üben *zwanzig Prozent Leistungssteigerung* erhalten!

Wenn man also sein Bewegungsquantum erfüllen will, muß man energisch vorgehen.

An Übungen bzw. Sportarten, bei denen *mindestens ein Siebtel* der Muskulatur *gleichzeitig bewegt* wird, empfehlen sich:

- Dauerlauf
- Radfahren
- Schwimmen
- Rudern
- Bergwandern
- Ski-Langlauf
- Ski-Abfahrtslauf
- Ballspiele

Selbstverständlich kann das Training auch zu Hause absolviert werden, wobei auch ein Standfahrrad oder ein Trockenrudergerät durchaus geeignet ist. Stehen keine Heimgeräte zur Verfügung, dann bleibt immer noch eine altbewährte Übung: »Lauf auf der Stelle«. Für einen Gesunden nun das Wichtigste: In den oben genannten Sportarten oder Übungen muß soweit gegangen werden, daß *mindestens einmal täglich zehn Minuten lang oder zweimal täglich fünf Minuten eine dauernde Pulsfrequenz von mindestens 130 Schlägen (ab dem fünfzigsten Lebensjahr von mindestens 120 Schlägen) pro Minute erreicht werden.* Dies gilt auch für den »Lauf auf der Stelle«. (Die Methode: Sie bewegen die Beine wie beim Dauerlauf, nur eben im Stand, machen dabei zwischen 100 und 140 schnelle Schritte und messen Ihren Puls. Steigt er um vieles höher als 130 bzw. 120 Schläge, dann verlangsamen Sie die Schritte auf ein Traben, sinkt die Pulsfrequenz ab, dann erhöhen Sie wieder die Schrittgeschwindigkeit. – Übrigens macht eine federnde Unterlage, z.B. eine Schaumgummimatte, den »Lauf auf der Stelle« angenehmer.)

Für die über Vierzigjährigen: Vor Aufnahme der Übungen sollte eine generelle Untersuchung klären, ob Sie normal gesund sind.

Legen Sie alle Übungen so an, daß die benötigte Pulsfrequenz bereits nach der zweiten Minute seit Trainingsbeginn erreicht wird. Und nun ein Wort von Prof. Hollmann *an die Hausfrauen:* »Wie einschlägige Untersuchungen ergaben, liegt die durchschnittliche Tagesbelastung der Hausfrau hinsichtlich der Pulsfrequenz weit unter jeden Werten, die für ein Ausdauer-Training gefordert werden müssen.« Somit ist die Bewegung selbst der fleißigsten Hausfrau *einseitig* und muß unbedingt durch Gymnastik ausgeglichen werden.

Beim Dauerlaufen ist die Pulszahl »Barometer«, ob es noch weitergeht oder ob man besser ins Gehen überwechselt:

180 minus Lebensalter

soll nicht überschritten werden. Wenn Sie also fünfzig sind, sollen Sie ihren Puls nicht über 130 jagen. Das gilt übrigens für alle Anstrengungen.

Und noch etwas ganz Wichtiges: *Bei aller Anstrengung darf nur soweit mit dem Tempo gegangen werden, wie dies durch die Nasenatmung geschafft wird.* Strengt man sich soweit an, daß man zur Offenen-Mund-Atmung gezwungen ist, wird das Herz überlastet (ganz gleich, ob beim Laufen, Bergsteigen, Radfahren usw.)!

Bewegung bis zum Schweißausbruch: Sauna ist zwar gut, aber aktives Schwitzen noch besser.

Zu guter Letzt: Von anderen Völkern lernen, sagt man. So z.B. von den Chinesen: Sie haben längst erkannt, was Gymnastik und Bewegung vermögen und schalten in ihren Fabriken und Betrieben Pausen mit Gruppengymnastik ein. Bringt Abwechslung, hilft tote Punkte überwinden, durchblutet das Gehirn, gleicht einseitige Bewegungen und Belastungen aus!

Alter schützt vor Training nicht – es ist nie zu spät! Übrigens: Es gibt keinen Beweis dafür, daß Sportler länger leben als andere, aber sie *leben im Alter sicher besser und beschwerdefreier.* Untersuchungen belegen eindeutig, daß es durch regelmäßiges sportliches Training gelingt, das Alter quasi hinauszuschieben – gewissermaßen *»zwanzig Jahre lang vierzig bleiben«.*

Allerdings muß rechtzeitig vor zu großem Ehrgeiz älterer Menschen gewarnt werden: So kommt es gelegentlich zu Todesfällen Untrainierter mit verborgenen Herzerkrankungen bei Volksläufen. Senioren sollten folglich mit *Wanderungen im Mittelgebirge oder in Wäldern beginnen. Dauerläufe nach dem Intervallprinzip (Laufen – Gehen – Laufen – Gehen usf.), Schwimmen, Radfahren und Skilanglauf sind ideale Betätigungen.* Und immer wieder wichtig: Ein günstiger Effekt auf den Kreislauf ist nur dann zu erzielen, wenn *mindestens zweimal die Woche systematisch eine halbe Stunde trainiert wird.* Mit der Behandlung von Alterserscheinungen *darf nicht erst begonnen werden, wenn der Alterungsprozeß bereits fortgeschritten ist.* Mit richtiger Ernährung, Bädern, Gymnastik und Sport muß frühzeitig angefangen werden!

Dr. Ernst von Aaken, Vorsitzender des Verbandes der Lang- und Dauerläufer, sagte einmal: »Wenn man sein ganzes Leben die Ausdauerübungen durchführt, ist man wenigstens in guter Form, wenn man stirbt!«

Zehn Ratschläge für
eine gute Haltung

Da *Wirbelsäulenschäden* (»Ich hab's mit den Bandscheiben«) sehr im Zunehmen begriffen sind, hier einige Ratschäge, wie Sie dem *Übel vorbeugen* können:

1. *Gängeln Sie Ihr Kind nicht zum Gehen!* Lassen Sie es kriechen, solange es will, und haben Sie nicht den Ehrgeiz, daß es möglichst früh steht. Die Aufrichtung aus der Waagrechten (mit allen vieren am Boden – Kennzeichen des Tieres) in die Senkrechte des Menschen (zwischen Himmel und Erde gestellt) ist ein so fundamentaler Akt, daß er mit neun oder auch mit zwölf Monaten aus eigenem Antrieb vollzogen werden muß.

2. *Im Schulalter ist das viele Sitzen von Übel.* Nach jeder dreiviertel Stunde sollen die Kinder sich von den Bänken erheben, sich recken und strecken, bei weit geöffneten Fernstern durchatmen. Der Turnunterricht muß ausgeweitet werden, und das Fernziel ist ein *Schwimmbad für jede Schule.*

   Schulranzen statt Schultaschen! Würden alle Eltern hierin konsequent sein, könnte sich das Kind nicht auf das Nachbarskind berufen, das eine schöne neue Tasche bekommen hat, die es statt des Ranzens nun eben auch möchte. Aber schauen wir doch die Fragezeichen-Gestalten an – wie sich dann die kleinen Kerlchen mit ihren völlig überfüllten, glänzenden neuen Taschen abmühen!

3. *Schwimmen Sie so oft Sie nur können,* wenn Sie Haltungs-
   und Wirbelsäulenprobleme haben! Vom verstorbenen
   Bundespräsidenten Gustav Heinemann ist bekannt, daß
   er täglich morgens noch mit 70 Jahren einige Runden
   schwamm – und danach erst seine Staatsgeschäfte aufnahm. Lassen Sie wenigstens Ihre Kinder frühzeitig
   schwimmen lernen – falls Sie schon selbst ein Wasser-
   Muffel sein sollten!. Aber was im Grunde hindert einen
   eigentlich, einen Nichtschwimmerstatus mit 50 noch zu
   ändern?
4. Zur guten Haltung gehört schließlich eine Anschaffung,
   die den Geldbeutel nicht allzusehr belastet: Ein *Türreck*
   nämlich. Das ist eine stabile Stange mit Gummimuffen
   rechts und links, die an jeden Türrahmen angebracht
   werden können. Der Rahmen wird nicht beschädigt.
   In jedem guten Sportgeschäft zu bekommen. Und da
   sich dann auch täglich hinhängen, pendeln, aushän-
   gen!
5. Der berühmte irische Dichter und Satiriker G. B. Shaw
   sagte einmal: »Der Stuhl ist die verhängnisvollste Erfin-
   dung des Menschen.« Hätte er nur gewußt, wie es nach
   seinem Tod mit dem Sitzen in meist miserablen Autosit-
   zen noch immer verhängnisvoller wurde ...! Weiche
   Polsterstühle, deren Sitzfläche nach hinten zu abfällt,
   schnüren den Leib leicht ab und beklemmen die Atmung. Man verweile nicht zu lange in diesen Sitz-
   pfühlen. Junge Leute lasse man zum Fernsehen ruhig
   auf dem Boden liegen, bäuchlings, ein warmer Teppich
   vorausgesetzt.
6. Zur guten Haltung *gehört die totale Entspannung in einem
   guten Bett.* Trotz – oder gerade wegen – Superfederung
   und Extra-Schaumgummischicht ist aber das Problem
   des Liegens keineswegs geklärt: Ein Hauch spartani-
   scher Härte wäre sehr zu empfehlen. Denn wie sollen

Muskulatur und Wirbelsäule sich entspannen, wenn sie nirgends einen Halt finden, wenn die Unterlage nicht stützt, sondern endlos nachgibt? Der gute alte Strohsack war nicht das Schlechteste, und zumindest sollte unter die Matratze ein Brett. Sie muß fest aufliegen und darf nicht in einem Federrahmen durchhängen. Ein Kopfkeil sollte nur bei älteren, herzkranken Menschen im Bett sein.

7. *Das Schuhwerk hat für die Haltung wesentliche Bedeutung.* Gesunde Schuhe sind vorn breit – das entspricht nun mal der Anatomie –, und breit sollen auch die Absätze sein und nicht stelzenartig erhöht. Fuß und Becken werden von den Stöckelschuhen mit Pfennigabsätzen strapaziert – sie haben lange genug nicht nur Fußböden verhunzt, sondern auch das Hohlkreuz provoziert. Kindern kaufe man grundsätzlich nur weiche Schuhe; diese müssen eine völlig gerade Innenseite haben, d.h., der Schuh darf vorn auf keinen Fall spitz nach außen drängen.

8. Und so soll man schließlich dastehen:

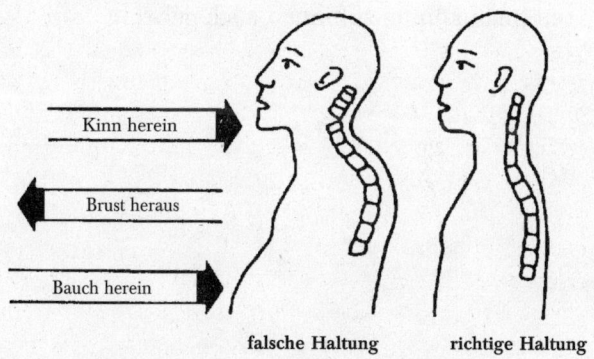

Kinn herein

Brust heraus

Bauch herein

falsche Haltung   richtige Haltung

Die Haltungskorrektur nach Alexander

9. Sind Sie pensioniert, so gibt es kaum etwas Besseres für Ihre Haltung als *Gartenarbeit*. Der Arzt Dr. Schreber hat dies schon um die Jahrhundertwende erkannt – und daran hat sich bis heute nichts geändert –, nein, sein Ansinnen ist nur dringender denn je geworden. Gelenke, die rasten, rosten. Tägliche Spaziergänge sind selbst im hohen Alter unentbehrlich, um einen geraden Rücken zu behalten.

10. Wir leben in einer merkwürdigen Zeit: Es gibt einen Sport- und Trimm-dich-fit-Kult ohnegleichen einerseits und einen beispiellosen Haltungsverfall andererseits! In Südbayern ist z.B. fast die Hälfte der Bevölkerung am Wochenende beim Skifahren oder Bergsteigen. Der Nutzen ist sicher nicht ganz zu unterschätzen – er ist aber auch nicht zu hoch! Stundenlanges Autofahren bzw. -stehen auf der Salzburger Autobahn gehen voraus. *Der Autofetischismus der Gegenwart hat überhaupt viel zum Ruin des Rückgrats beigetragen* – auch wenn's keiner gern hört. Genau dieselben sportlichen Leute aber fahren am Montag vom ersten in den zweiten Stock mit dem Lift und können sich von der Rolltreppenmentalität nicht lösen (man könnte auf ihnen auch gehen).

Über die Ernährung

Das Fasten

Man kann allein jede beliebige Zeit fasten – von einem bis zu sieben Tagen und unter Aufsicht bis 21.

Man kann Voll- und Teilfasten: Gar nichts essen (außer Kräutertee trinken) oder ein bis zwei Mahlzeiten pro Tag ausfallen lassen. Bis zu sieben Tagen kann man ohne Gefahr die strengste Form des Vollfastens wählen: *nur reines Wasser* (Quell- oder Mineral-) *oder Kräutertees.*

Man kann die mildere Form *mit Obst- und Gemüsesäften* wählen (auch Molke).

Beim Teilfasten kann man

a) eine Mahlzeit ausfallen lassen, gleich welche;
b) zwei Mahlzeiten ausfallen lassen und nur frühstükken;
c) jeweils die Hälfte weglassen;
d) nur Obst essen;
e) nur Rohkost essen;
f) leichte vegetarische Kosten wählen.

Man kann *einen Tag in der Woche zum Fastentag* machen: Früher war es der Freitag.

Wichtig während des Fastens: Weniger arbeiten, mehr ruhen, aber auch leichte Bewegung, Hautbürsten – völlige Bettruhe ist nicht nötig.

125

Wichtig während des Fastens ist auch:

a) *Darm reinigen,* täglich mit *Klistier* (Gummiball, 150 ccm, Kamillentee lauwarm);

b) oder *Einlauf* mit einem halben bis einem bis anderthalb Liter Kamillentee (Gummibettflasche mit Schlauch und Hartgummiröhrchen samt Dreiwegehahn – Geschäft für sanitäre Artikel);

c) oder *Abführmittel:* ein bis zwei Teelöffel Glaubersalz auf ein Glas warmes Wasser morgens.

Nach dem Fasten nur ganz langsam wieder auf normale Nahrungsmengen übergehen!

Wer zu schnell wieder in alte Viel- und Schnell-Eßgewohnheiten zurückfällt, muß es mit einem aufgetriebenen Leib büßen!

Fasten ist ein wunderbares Mittel bei:

1. Allen akuten und gar fieberhaften Erkrankungen (Hippokrates: »Füttert man den Kranken, so füttert man die Krankheit.«)
2. Übergewicht – es geht nicht ohne –!
3. Seelische Gleichgewichtsstörungen, üble Laune, leichtere Depressionen;
4. Herzkrankheiten mit Kreislaufbelastungen und vor allem mit Wasseransammlungen in Beinen und Geweben (unter Aufsicht eines Arztes oder Heilpraktikers).

Nicht fasten soll man bei:

1. Tuberkulose
2. Untergewicht

3. evtl. Krebs
4. starker Schilddrüsenüberfunktion

Das Fasten ist eine Operation ohne Messer.
Es bewirkt Schonung, Erholung, Entgiftung, Säuberung. Günstiger ist es allerdings, *immer mäßig* zu essen, statt zeitweise zuviel und dann wieder gar nichts. Hat man es erst einmal zu weit kommen lassen, d.h., ist man erst einmal zu dick, dann gewinnt der Körper selbst nach einer Abmagerungskur seine volle Elastizität nicht mehr zurück!

Man mag über konfessionelle Gebote und Verbote denken wie man will. Man sollte aber nicht überheblich sein und meinen, daß die bedeutenden Religionsstifter nicht wußten, was sie sagten. Die Bibel und der Koran enthalten eine Fülle von einfachen und wichtigen Gesundheitsratschlägen.

Gesunde Alltagskost

Das Geheimnis von roh gegessenem Obst und Gemüse (Rohkost) ist, daß es, wie der Arzt Bircher-Benner sagte, die von der Sonne aufgenommene Lichtenergie in der Körperzelle entfaltet. Essen *Sie zu jeder Mahlzeit etwas Rohes* – das ist ungemein wichtig*! Es hält Sie frisch, wenn Sie Frisches essen!* Die bürgerliche (»gut-bürgerliche«) Küche ist überholt! Sie ist »aus der Mode« – denn: »Dick sein ist nicht fein.« Die überkalorienreiche, totgekochte Kost mit täglichem Fleisch- und Wurstgenuß, zu üppiger Verwendung von biologisch schlechten Fetten, mit all dem vielen Braten, Rösten, Einbrennen, dem schädlichen Panieren, den wertlosen (aber kalorienreichen) Weißmehlprodukten, Nudeln, Knödeln, den vielen Süßigkeiten, Bäckereien, Schleckereien. Wir müssen vieles davon vergessen, wenn wir nicht noch kränker, leistungsschwacher unlustiger und dicker werden wollen!

Vermeiden Sie also immer:

1. Jedes Herausbacken in Fett, Einbrenn-Soßen, das Panieren, Rösten (Gemüse nur dämpfen).
2. Zu viele Fette: Vor allem tierische Fette, aber auch gehärtete Pflanzenfette. Nehmen sie Pflanzenöle, Pflanzenmargarine, etwas frische Butter.
3. Alle Süßigkeiten, soweit sie nicht »süß von Natur« sind wie Honig und süße Früchte.
4. Alles, was zu schwerverdaulich ist: Also frische Backwaren – auch feuchtes, frisches Vollkornbrot, das ansonsten ja gut ist; Hülsenfrüchte in zu großen Mengen, zuviel Kraut und Kohl.
5. Durcheinanderessen und Durcheinandertrinken: Obst und Gemüse möglichst nicht in einer Mahlzeit, während des Essens nicht zuviel Flüssigkeit, mehrere Gänge sind nicht ratsam, Süßes und Saures in ein und derselben Mahlzeit auch nicht.
6. Zu essen, wenn man nicht hungrig ist.
7. Zu essen, wenn man keine Zeit dazu hat.
8. Zu essen, wenn man übermüdet ist (vorher fünf bis zehn Minuten flach legen!)

Langsam essen – gründlich kauen: So kommt man mit weniger aus – das Wenige bekommt besser!

Gut gekaut ist halb verdaut: Halten Sie sich an diese Weisheit? Wundern Sie sich, wenn Sie hastig schlingen, daß Sie Magendrücken und Blähungen haben? Der Amerikaner Horace Fletscher hat nach vielen Krankheiten mit Siebzig begonnen, jeden Bissen 33mal zu kauen (!). Er wurde daraufhin immer gesünder und hat mit Achtzig noch größere Radtouren unternommen!

Flüssigkeit löffeln, einspeicheln!

Kleine Bissen in den Mund nehmen, in kleinste Teilchen zerkauen, bewußt intensiv einspeicheln und verflüssigen. Das ist allerdings anfangs mühsam, und man muß sehr aufpassen, um nicht sofort wieder in das alte Laster des Schlingens zu verfallen. Aber das läßt sich trainieren und automatisieren – später wird es, wie vieles andere bekanntlich auch, zur Selbstverständlichkeit. Die Speicheldrüsen lernen wieder, mehr zu produzieren. Verarbeiten Sie also die Nahrung besser, gründlicher – man kommt mit weniger aus.

Und selbst wenn Sie zunächst an Ihrer Ernährung sich zu gar keiner Änderung entschließen können*: Essen Sie langsamer, kauen Sie gründlicher* – Sie werden erstaunt sein, was allein schon dieses bewirkt! Richtiges Kauen ist die Voraussetzung für die Gesundung des ganzen übrigen Verdauungsapparates.

Schnelles Essen macht müde!

Jahrelang konnte man in deutschen Illustrierten die Werbung lesen: »Zucker zaubert« – heute jedoch sieht sich sogar (endlich und ziemlich spät) die Regierung gezwungen, gegen diesen Unsinn anzugehen und warnt vor vielem Süßen.

Zucker zaubert Verfettung – wenn man so will.

Mehr Gewürze und weniger Salz! In zu vielen Haushalten ist immer noch Salz und Pfeffer das ausschließliche Gewürz. Salz gehört aber weitgehend in den Küchenschrank und weniger auf den Tisch. *Salz schwemmt auf!* Salz ist Gewohnheitssache: Wer sagt, daß ohne Salz das Essen fad schmeckt, hat recht. Nur muß man wissen: Wer drei Monate wenig Salz zu sich nimmt, findet normal gesalzenes Essen ausgesprochen ungenießbar. Man glaubt nicht, wie sich die Geschmacksdrüsen ändern können: Endlich schmeckt man dann die Speisen und nicht nur das Salz! Ein Gewürzsortiment anschaffen!

Weißmehlprodukte führen zu Verstopfung und Sodbrennen. Außer toten Kalorien haben sie keinen Nährwert. Und denken Sie auch daran: »Müde durch zuviel Weißbrot« – die »Deutsche Gesellschaft für Ernährung« hat festgestellt, daß durch das immer stärkere Ausmahlen des Mehls das wichtige Vitamin B 1 (in Schale und Keim enthalten) weniger im Brot enthalten ist. Folge: Nachlassen der Leistungsfähigkeit, Konzentrationsschwäche, Müdigkeit, Vergeßlichkeit, Reizbarkeit, Kopfschmerzen.

Abhilfe*: Vollkornbrot, Vollkornprodukte!*

»Versteckte Fette« sind jene, die man nicht sieht, z.B. ist auch noch in magerem Schweinefleisch zuviel Fett.

Weniger Fett, zwischen den Mahlzeiten und am Abend keine Süßigkeiten naschen, weniger Alkohol und gezuckerte Getränke!

Viele Menschen haben heute einen zu hohen *Cholesterinspiegel,* d.h. zuviel »Fett im Blut«. Merkwürdigerweise hat sich dann das Hauptinteresse auf die Butter konzentriert. Fast alle meinen, sie müßten nur diese weglassen. Wichtiger ist aber: Fettes Fleisch, fette Wurst (und welche – auch Diätwurst – enthält nicht zuviel Fett?), zu viele Eier, zuviel Alkohol *das sind die erstrangigen Cholesterinproduzenten.* Ja, Butter auch, aber nicht in dem Maße, wie es die Margarineindustrie darstellt ...

Zuviel Alkohol schädigt die Leber, das Nervensystem wird zerrüttet und die Gicht gefördert (erhöht den Harnsäurespiegel!). Bier macht, zuviel getrunken, dick und träge. Weißwein eventuell mittags (anregend) Rotwein besser abends (entspannend).

Grundsätzlich keine »scharfen Sachen« und keine gefärbten Liköre und Aperitifs!

Apropos Fleisch: Wir werden uns in Zukunft darauf einrichten müssen, daß es weniger davon gibt. Zwei schwedische Forscher haben dringend darauf hingewiesen, daß der Luxus der enorm gestiegenen Fleischernährung der wohlhabenden Industrienationen auf die Dauer nicht verkraftet werden kann. Die Fläche Land, die ein Rind braucht, um dann geschlachtet einen Menschen zu ernähren, könnte, mit Pflanzenprodukten bebaut, sieben Menschen versorgen. Da Land knapper und die Menschheit zahlenmäßig ständig größer werden, ist die Konsequenz nur mehr eine Zeitfrage.

Fleisch enthält häufig Antibiotika (Penizilline), Sulfonamide, Hormone. Fleisch besitzt an sich schon Hormone – es werden aber noch welche zusätzlich gespritzt und verfüttert, damit die Tiere schneller schlachtreif werden. Da wundern wir uns dann, wenn wichtige Arzneimittel im Notfall nicht mehr so richtig angreifen (weil der Körper sie schon andauernd in kleinen Dosen zugeführt bekommen hat) und so viele Menschen »aufgeschwemmt« sind …

Es wird zuviel Fleisch-Eiweiß gegessen. Viele Schlankheitsdiäten empfehlen immer wieder Steak, garniert vielleicht noch mit einem Salatblatt. Der Harnsäurespiegel steigt dadurch: Gicht, Rheuma und Gefäßschäden sind die Folge. Besser eine Riesenschüssel Salat und ein halbes Stück Fleisch; noch besser: Quark (in Bayern: Topfen).

Wir essen also generell zu viel, zu fett, zu süß!

Noch ein Wort zu den *Genußmitteln.*

Kaffee regt schnell an, läßt bald wieder in der Wirkung nach.

Schwarzer Tee regt langsam an, hält länger an.

Beides sind Aufputschmittel, die auf die Dauer und in großen Mengen dem »Nervenkostüm« schaden.

Bei *Kaffee* bedenke man: *Koffein* läßt den Blutdruck steigen, und die *Kaffeesäure* ist ungünstig für den Magen, die Galle, Leber und führt zu allgemeiner Übersäuerung.

Koffeinfreier Kaffee ist folglich angezeigt bei Bluthochdruck; *entsäuerter bzw. säurearmer Kaffee* beim Magen-Galle-Empfindlichen. Genußmittel sollen immer Ausnahmen, nie Gewohnheit sein!

> *Die Kost, die dem Schmied bekommt,*
> *die zerreißt den Schneider.*
> Volksspruch

Wir haben die Arbeit automatisiert und sie mit unzähligen Hilfsmitteln, Maschinen und Apparaten körperlich weniger anstrengend gemacht – und die Schwerarbeiterkost unserer Vorfahren beibehalten! Noch hört man manchmal: Aber der Großvater hat doch auch fettes Geräuchertes gegessen und ist gesund gewesen und alt geworden! Was man dabei vergessen hat? Daß er vielleicht im Sommer um vier Uhr aufstand und mit der Sense ein halbes Getreidefeld gemäht hat und mehrere Hemden durchschwitzte, ehe wir erst einmal hinter dem Schreibtisch sitzen (um abends mit dem Auto nach Hause zu fahren und den Rest des Tages im Fernsehsessel zu verbringen!).

Dazu Dr. F. X. Mayr: »Wer vor dem Schlafengehen ein reichliches Nachtmahl einnimmt, gleicht einem Lokomotivführer, der seine Maschine vollheizt und danach in den Schuppen stellt.«

Daher überlegen: Wieviel brauche ich bei meiner Arbeit und Bewegung? Bei meinem Gewicht?

Und dann noch eine wichtige Unterscheidung:

Eltern und Kinder können nicht das gleiche essen. Erstere müssen sich vorwiegend basisch, letztere vorwiegend sauer ernähren. Dazu später noch Ausführliches.

Es ist in den letzten Jahren immer mehr Mode geworden, exotisch zu essen. Ein jugoslawisches Gericht kann den normalen Speiseplan durchaus auflockern, aber als Dauerernährung wird es nicht viel bringen.

Müssen wir auch unbedingt chinesisch essen, amerikanisch oder indonesisch? Zwar können wir uns von allem anregen lassen: *Aber alles, was dort wächst, wo der Mensch lebt, ist ihm gemäß.* Wir wissen dies von den so beliebten Zitrusfrüchten (Orangen, Grapefruits, Zitronen): Die Säure wird von vielen bei uns nicht vertragen und speichert sich im Körper. Werden diese Früchte aber dort genossen, wo sie wachsen, in südlichen Ländern, wo es wärmer ist, die Haut mehr schwitzt und dünstet – und die Säuren über die Haut ausgeschieden werden, sind sie auch bekömmlich.

Ich bin zu arm, um mir was Billiges leisten zu können.
Volksspruch

»Es ist nicht gut bestellt um die Nation«, sagt der Feinschmeckerkoch Wolfram Siebeck, »wenn diese die Raten ihrer Fünfzigtausend-Mark-Autos an erstklassigen Essenszutaten einspart.«

Teurere Qualität kann man wieder einsparen an überflüssiger Quantität! Oder einfach ausgedrückt: *Lieber weniger und dafür was Gutes!*

Weil die schlechtgekochten Hauptgerichte auch anspruchslose Esser unbefriedigt lassen, wird zwei Stunden später die berüchtigte Kuchenschlacht geschlagen!

**Wer einmal täglich wirklich gut ißt,
der knabbert zwischendurch keine Nüsse,
keine Salzstangen, verdrückt keine Wurststullen
und keine Pralinen.**

Die wichtigste Küchenregel: Ein perfektes Essen kann nur mit Zutaten erster Qualität entstehen. Der Koch eines der erstklassigsten französischen Feinschmecker-Restaurants wurde nach dem Geheimnis seiner Küchenkünste gefragt. Seine Antwort:

1. Die Zutaten müssen immer frisch sein.
2. Die Zutaten müssen immer frisch sein.
3. Die Zutaten müssen immer frisch sein.

Lebendigkeit durch Nahrung!

Welkes Gemüse hat *keine Kraft mehr* – unreifes Obst hat *noch keine Kraft*. Tiefkühlkost ist eher ein Rückschritt als ein Fortschritt, vor allem auch, weil die gewonnene Zeit der überarbeiteten Hausfrau dann doch nur zum Autowaschen benutzt wird.

Wissenschaftler sagen, daß falsche Ernährung die menschliche Gesundheit stärker bedrohe als Krebs. Sie führt fast immer zu Übergewicht – der Ursache vieler Krankheiten. Und den Dicken wäre zu sagen, daß sie in Zukunft ruhig *besser* essen können, nur eben *anders als bisher!*

*Laßt in der Ernährung das Natürliche
so natürlich als möglich!*
Prof. Kollath

Viele meinen, sofern man Obst gründlich wäscht, würde man *Spritz- und Konservierungschemikalien* entfernen können. Das ist leider so gut wie gar nicht der Fall. Diese sind längst in die Früchte eingezogen!

Apropos: »... so natürlich als möglich«:

Säfte aus Obst und Gemüse sind nicht unproblematisch: Sie sind ein starkes Konzentrat, es fehlen die sogenannten Ballaststoffe (Zellulose), sie verstopfen häufig. Nicht ausgepreßtes Obst oder Gemüse ist gesünder, natürlicher. Und wenn schon Säfte: mit Mineralwasser verdünnen!

Gezuckerte Früchte gären – das sollte man lieber lassen. *Obst und Zucker passen nicht zusammen.* Kompott ist nur ein Notbehelf. Vielleicht vorübergehend für einen Kranken – obwohl man gleich etwas sehr Hartes sagen muß: Die meisten *Diäten sind einseitig und zum Krankwerden bestens geeignet.* Das sagen heute viele Ärzte – nicht nur Naturheilkundige! Wir müssen unbedingt auch von den Diätbegriffen wegkommen: *Gesunde natürliche Nahrung muß wieder selbstverständlich werden.* Wir müssen selbst von 10-Minuten-Gesundheitsprogrammen wegkommen, ausgeführt am Morgen und Abend – wenn dazwischen wieder den ganzen Tage Unvernunft und Ungesundheit regieren. Gesundheit kann man nicht auf soundsoviel Minuten am Tag beschränken – sie muß zur ständigen Einrichtung werden!

Diät kann man nicht auf sieben Tage oder sechs Wochen begrenzen – Diät kommt vom griechischen diaitas und heißt *Lebensweise.* Die ganze Lebensweise muß also wieder natürlicher werden.

»Zurück zur Natur!« (Rousseau). Lernen könnten wir z.B. auch von den *Mormonen: Sie haben von allen Gruppen in den Vereinigten Staaten die geringste Krebssterblichkeit.*

Diese »Mitglieder der Kirche Jesu Christi der Heiligen der letzten Tage« können in diesem erfreulichen Punkt nur noch von den Siebenten-Tags-Adventisten unterboten werden – so eine Studie der kalifornischen Staatsuniversität in Los Angeles.

Den Mormonen verbietet ihr »Gesetz der Weisheit« den Genuß von Tabak, Alkohol, Rauschgiften, Kaffee und Tee. Überdies sind sie gehalten, viele Früchte zu verspeisen, eine Diät zu befolgen und im Fleischgenuß mäßig zu sein. In Kalifornien ergaben Untersuchungen, daß die Zahl der eingetretenen Todesfälle durch alle Krebsarten bei den Mormonen nur halb so groß war, wie nach den Durchschnittswerten zu erwarten gewesen wäre. Bedeutsam für die Forschung ist hierbei, daß die Mormonensterblichkeit besonders niedrig für Magen-, Darm-, Brust-, Uterus-, Prostata- und Nierenkarzinome ist, also für Krebsarten, die nach bisherigen Untersuchungen nicht deutlich mit Risikofaktoren wie Tabak-, Alkohol- oder Koffeingenuß zusammenhängen.

Zum Thema *Ernährung und Krebs* kann man heute sagen: Etwa 50 bis 90 Prozent aller menschlichen Krebserkrankungen werden durch Faktoren der Umwelt beeinflußt, wobei berufsbedingte Umwelteinflüsse allein nur einen kleinen Anteil ausmachen. Während bei Männern das Rauchen sicherlich für einen großen Teil der Erkrankungen verantwortlich ist, spielt es nun auch bei Frauen mehr und mehr eine Rolle. Dominierend aber ist die Ernährung, etwa 50 Prozent aller Krebserkrankungen bei Frauen in der westlichen Welt und etwa 30 Prozent bei Männern werden durch Ernährungsfaktoren zumindest mitbeeinflußt. Bei gewissen Mangelernährungszuständen ist eine Beziehung zu menschlichen Krebserkrankungen wahrscheinlich, wozu Eisen, Jod, Vitamin B2 und Vitamin A gehören. Auch erhöht Alkohol das Risiko von Rauchern erheblich, an Krebs im Mund, Kehlkopf oder in der Speiseröhre zu erkranken, möglicherweise aufgrund von Vitamin-B-Mangel; die Vitamine B und A sind für Schleimhäute wichtig. Niedrige Aufnahme des A-Vitamins und Krebs des Gebärmutterhalses können Beziehungen aufweisen. *Überernährung kann ebenfalls Krebs verursachen.* Besonders bestehen Beziehungen zwischen Nahrungsfett und Brustkrebs (sehr gefährlich: Schweinefett). Bei einem Länder-Vergleich läßt sich allgemein eine Beziehung zwischen Fettverbrauch und Häufigkeit von Brustkrebs feststellen, natürlich in Zusammenhang mit anderen Faktoren, wobei auch eine Beziehung zwischen Fettverbrauch und

Dickdarmkrebs besteht, gleichzeitig mit Herzinfarkt (Cholesterinbelastung). Empfohlen wird eine ähnliche Diät wie bei Herz- und Kreislauferkrankungen mit niedrigem Kaloriengehalt bei geringem Anteil an gesättigten Fetten und Cholesterin.

Gesundheit ist also etwas, das täglich, stündlich überlegt sein will, das fortwährende Disziplin erfordert, minütlich – und nicht nur einmal alle zwei Jahre während einer vierwöchigen Kur! *Wieviel geben Sie übrigens täglich für Überflüssiges aus:* für Eis, süße Limonaden, Zigaretten, Cola, Pralinen, Whisky? Zu dumm, daß manches auch noch chic ist, »in« ist, in Mode ist: zu rauchen mit vierzehn Jahren, französische Weißbrotstangen, Sekt, Schweinshaxen in Biergärten, Steaks ...

Und noch eine völlig falsche Vorstellung:
Daß jener der Gesündeste ist, der alles verträgt!
In Wirklichkeit ist es umgekehrt:
Der Sensible reagiert
auf Schlechtes, Falsches, Verkehrtes.

Der schon nicht mehr ganz Gesunde, der Halbgesunde – abgestumpft durch Gewöhnung an Falsches – reagiert lange Zeit nicht auf seine falsche Lebensweise; wenn er aber endlich reagiert, kommt es meistens zu einer Katastrophe.

Das kennt jeder Arzt oder Heilpraktiker aus der Praxis und dem Umgang mit Kranken. Wer zwanzig Jahre lang alles ißt, was er bekommen kann, raucht, was das Zeug hält und trinkt wie ein leckes Faß und dann jubelt, wie gut es ihm dabei geht, der kommt einem vor wie ein Mann, der aus dem 30. Stock springt. Während er am 10. Stock vorbeifliegt, ruft er einem entsetzten Zuschauer am Fenster zu: Es sei ihm ja noch nichts passiert! Noch nicht ...

Über die Ernährung der Kinder

*Zum Vielfraß wird man kaum geboren –
aber oft erzogen!*

Zu viele Mütter glauben immer noch, daß Vielesser groß
und stark werden. (Der an der Brust liegende Säugling wird
zum Weitertrinken angehalten; die Sauggummi haben zu
große Löcher; später »ein Löffel für die Oma, den Opa, die
Mama, den Papa ...«) Machen Sie's Ihrem Kind leichter:
Schließlich wird es von seinen Spiel- und Sportgefährten
nach der körperlichen Aktivität und Leistungsfähigkeit be-
urteilt. Wer in Spiel und Sport nicht mithält, wird ausgeschaltet. So kann das dicke Kind schon frühzeitig in eine Isolierung geraten, die bis zur Vereinsamung führen mag.

Ist ein Kind wirklich brav,
wenn es aufißt?

Prof. Grzimek hatte in seinem Tierpark folgende Tafel an-
bringen lassen: »Wir danken Ihnen, daß Sie unsere Tiere
nicht mit Süßigkeiten gequält haben!« Und was machen die
lieben Omas, Tanten, Bekannten mit unseren Kindern?
Wußten Sie, daß neuerdings vielen Farb-, Geruchs- und
Geschmacksstoffen in der Nahrung (in Süßigkeiten und Eis
vor allem) nachgesagt wird, daß sie mitverantwortlich sind
für die außerordentlich zunehmende Nervosität bei Kin-

dern? Daß man in Amerika allein dadurch die Zappelphilippe ruhiger bekam, daß man sie auf natürliche und fremdstoffarme Ernährung umstellte? Man ließ Farben, Aromastoffe, Spritz- und Düngemittel weitgehend weg und erreichte damit erstaunlicherweise, daß die Kinder ihre Nervosität verloren. Mit Sorge und Grausen denkt man an die farbigen Gummibären, an die knallbunten Lutscher, an die popfarbigen Bonbons, die Kaugummis.

An den Zähnen des Kleinkindes läßt sich übrigens erkennen, ob die Mutter richtig ernährt war oder nicht. Sie bilden sich schon während das Kind im Mutterleib ist und sind bei der Geburt noch im Zahnfleisch verborgen. Wenn sie durchkommen, zeigen sie an, ob das Blut der Mutter dem Kind die geeignete Nahrung zugeführt hat.

In Japan gibt es immer mehr totgeborene Babys mit Deformationen. Das wird auf Röntgenstrahlen und chemische Schadstoffe zurückgeführt, die sich in der Nahrung befinden und aus der verschmutzten Umwelt herrühren. In Japan verkaufte Lebensmittel enthalten über 300 verschiedene chemische Zusätze …

Eine Ernährungsbasis für Kinder und insbesondere Schulkinder bildet sicherlich das bekannte *Bircher-Müsli*. Die Kinder halten bis zum Mittagessen gut durch, sie müssen sich in der Schulpause keine Süßigkeiten und Laugenbrezeln kaufen.

Hier das *Original-Rezept:*

1 gestrichenen EL Haferflocken mit 3 EL kaltem Wasser über Nacht einweichen; morgens 1 EL Zitronensaft und 1 EL gezuckerte Kondensmilch beifügen. Dann ca. 200 g geriebene Äpfel (Kernhaus entfernen – erst kurz vor dem Essen reiben, sofort unterrühren, damit sich das Apfelfleisch nicht bräunt) und 1 EL geriebene Haselnüsse oder Mandeln über die angerichtete Speise streuen.

Dieses Grundrezept kann natürlich beliebig variiert werden: Obst je nach Jahreszeit, auch 1 EL Honig kann dazugegeben werden, ebenso frisch gepreßter Orangensaft, etwas Joghurt oder Rahm.

Wichtig: Es müssen *Vollkorn*-Haferflocken sein. (Dieser Brei kann auch ein Abendessen sein oder ein »schnelles Mittagessen.)

Nicht genug kann betont werden: Kinder sollen *mehr Getreide* und *möglichst wenig Fleisch/Wurst* bekommen – das wird *die Ernährung der Zukunft* sein!

Warum man Schweinefleisch meiden soll

Der Arzt Dr. med. Hans-Heinrich Reckeweg hat in einem umfangreichen Aufsatz dargelegt und zusammengefaßt, warum gerade Schweinefleisch eine Belastung und sogar eine Gefahr für die Gesundheit darstellt. Hier die wichtigsten Punkte:

1. *Schweinefleisch ist enorm fetthaltig.* Auch das angeblich magere Fleisch enthält noch große Mengen Fett – im Gegensatz zu anderen Fleischsorten. Dies wird z.B. daran ersichtlich, daß auch ein magerer Schweinebraten in der heißen Pfanne sofort Fett freigibt und darin gebraten werden kann.
2. *Schweinefleisch ist außerordentlich cholesterinreich.* Nachdem heute sowieso schon mehr als die Hälfte der Bevölkerung über Vierzig mit zu hohen Blutfetten belastet ist, sollte man es erst doch gar nicht darauf ankommen lassen.
3. *Die schwefelreiche Substanz des Schweinefleisches trägt ganz erheblich zur Aufquellung des menschlichen Bindegewebes bei.* Daraus resultiert die eigenartige »Rubenssche Üppigkeit«, wie sie bei starken Schweinefleischessern immer wieder angetroffen wird. Das Bindegewebe des Menschen saugt wie ein Schwamm Wasser auf, und es kommt zu einer Art kissenartigen Auftreibung. Außerdem führen die erwähnten schwefelreichen Bindegewebssubstanzen (Mukopolysaccaride) zur *Darmfäulnis,* was sich in »Geruch nach faulen Eiern« (Schwefelwasserstoff) deutlich zeigt!

4. Jedem Arzt ist hinlänglich bekannt, *daß Furunkel und Karbunkel ebenso wie die Akne* durch Schweinefleisch zumindest stark begünstigt werden und oft erst dann verschwinden, wenn auf den Genuß desselben verzichtet wird. Generell: Hautkrankheiten und Juckreiz sind häufig mit Schweinefleischverzehr verbunden. (Schweinefleisch enthält sehr viel Histamin, das unerträgliches Hautjucken hervorrufen kann.)

5. Ein sehr wichtiger toxischer Faktor des Schweinefleisches ist nach Dr. Reckeweg das *Grippe-Virus, welches in den Schweinelungen »übersommert«* und praktisch stets in der Wurst mitverarbeitet wird. Der Mensch nimmt es auf – und im Frühjahr, bei Vitamin- und Sonnenlichtmangel, wird das Virus aktiv.

Wenn also in den mohammedanischen Ländern und bei der jüdischen Bevölkerung aufgrund religiöser Vorschriften der Genuß von Schweinefleisch verboten ist, so kann man vermuten, daß dies auch enorme gesundheitliche Bedeutung hat.

Man sollte darüber nachdenken!

Was ist mit dem Cholesterin?

Cholesterin ist ein Hormonbaustoff im Blut, der unentbehrlich ist. Aber es ist wie immer: Wenn etwas des Guten zuviel ist, dann ist es auch schädlich. Und warum man früher nichts davon hörte, hat wohl mehrere Gründe: Zum einen kannte man die Zusammenhänge in der Medizin nicht so genau, und erst die neueren Forschungen in den Labors brachten Erkenntnisse. Zum anderen dürfte es früher wegen der anderen Ernährung auch kaum ein Problem gewesen sein – weniger Fett, mehr körperliche Anstrengung und damit bessere Verbrennung der Fette.

1. Wir sollen im allgemeinen weniger tierische Fette essen: weniger fettes Fleisch, weniger Innereien, fette Würste, Schlagsahne, Butter, fette Käse, in Fett Herausgebackenes und Eier.
2. Wir brauchen genug körperliche Bewegung, auch Anstrengung, sei es durch Arbeit oder ausgleichenden Sport.
3. Wir dürfen nicht nur hochkalorische Fette essen, sondern immer auch sogenannte Ballaststoffe: Vollkornprodukte, Gemüse, Obst und Salate, weil die Fasern in diesen Lebensmitteln Fette binden.
4. Hier ein Vorschlag zur Verminderung des Cholesterins (unbedingt notwendig, auch wenn man ein Präparat gegen das »schlechte« Cholesterin (LDL-Cholesterin) einnehmen muß:
   2 Äpfel täglich,
   2 EL Haferkleie,

zumindest vor dem Schlafen 2 Knoblauchpillen (freilich kann man auch täglich 2 Zehen frischen Knoblauch essen, wenn dies möglich ist. Auch Zwiebeln sind sehr wichtig und nützlich).

5. Nicht unerwähnt darf bleiben, daß

- zuviel Kaffee (mehr als zwei Tassen täglich)
- zuviel Alkohol
- vor allem der sog. Streß (andauernd über längeren Zeitraum)

den Cholesterinspiegel erheblich beeinflussen.

Da ein deutlich überhöhter Cholesterinspiegel das Schlaganfall- und Herzinfarktrisiko vergrößert, soll nicht nur ein Medikament eingenommen, sondern auch die Lebensweise geändert werden!

Gesunde Kost für Gesunde

*Eure Nahrungsmittel sollten Heilmittel
und eure Heilmittel Nahrungsmittel sein.*
Hippokrates

Einer der weitverbreitetsten und gefährlichsten Irrtümer ist, daß immer gesagt wird, *der Gesunde dürfe alles essen. Das ist falsch!*

Warum? Weil sehr vieles von der Zivilisationskost höchst unnatürlich ist und der Mensch es seit Jahrtausenden nicht gegessen hat, wie z.B. Eis, Schokolade, Dosengemüse etc. Aus welchem Grund soll also der Gesunde alles essen – so lange bis er krank ist, um dann eine Diät einzuhalten? Ärzte haben festgestellt, *daß 40 Prozent aller Krankheiten ernährungsbedingt sind.* Trotzdem soll paradoxerweise der Gesunde alles essen dürfen – er kann doch voraussehen, daß es dann nur eine Frage der Zeit ist, bis er zu diesen 40 Prozent gehört. Welche Logik, welcher Leichtsinn!

Es muß also eine Kost gefunden werden, die *alle essen dürfen, sollen, eine Normalkost* für Gesunde, eine – wenn das Wort nicht so eine negative Bedeutung bekommen hätte – Diät für Gesunde. Im alten Griechenland hieß Diät Lebensführung – *das Essen kann nur als ein Teil der gesamten Ordnung des Lebens* gesehen werden; als ein äußerst wichtiger allerdings. Bircher-Benner sagte schon 1935: »An die unrationelle Ernährung der zivilisierten Nationen reihen sich als weitere Krankheitsursachen; naturwidrige Tagesordnung, ungenügende Hautpflege und übergroße seelische Beanspruchung.

Alle ernsthaften Forscher stellen eine zunehmende Konstitutionsverschlechterung der Kulturmenschheit fest, auf deren Boden die Morbidität, das Siechtum, anwächst.« Und er erkennt zu seiner Zeit bereits klar, daß auf *zwei wesentlichen Ebenen* die Zentren des Lebens geschädigt werden: Durch ungeordnete Triebbefriedigungen, negative Affekte wie Furcht, Angst, Ärger, Haß, die sich mit depressiven Vorstellungen verbünden; und dann durch die qualitativen und quantitativen Schädigungen aufgrund falscher Ernährung, die nach Bircher-Benners Vorstellung, vor allem die kleinsten Blutgefäße, die Kapillaren, schädigt und zerstört. Er bezeichnet das so wichtige Kapillarsystem als das »Blumenbeet, auf dem die Organe gedeihen«.

Zuerst Grundlegendes über Grundnahrungsbestandteile:

1. Das Eiweiß

Einweiß ist durch nichts anderes zu ersetzen; der tagtägliche Zellerneuerungsprozeß funktioniert nur, wenn Eiweiß zugeführt wird. Einweiß findet sich vorwiegend in Milchprodukten (Milch, Buttermilch, Dickmilch, Quark, Käse), Eiern, Sojaerzeugnissen, Nüssen, Hülsenfrüchten, Hefe, Fleisch und Fisch. In kleineren Mengen ist es auch in Getreide und Kartoffeln enthalten. Der menschliche Organismus braucht täglich ca. 0,8 g Eiweiß pro kg Körpergewicht, d.h., ein Mensch mit 70 kg braucht ca. 56 g pures Eiweiß. Bei übermäßiger Eiweißzufuhr, vor allem Fleisch, Fisch, Eier (Eiweißmast), oder schlechter Eiweißverdauung kommt es zur *Fäulnisbildung* im Darm und Blähungen, die nach faulen Eiern riechen (Schwefelwasserstoff). Im Augenblick haben *die zivilisierten Länder eine Eiweißüberernährung* (»Steakwelle«, die den Menschen von den Fleischproduzenten und von falschen Diätaposteln eingeredet wurde!), *die Länder der dritten Welt eine katastrophale Einweißunterernährung* (mit verhungernden Kindern)!

Der schwedische Ernährungslehrer Are Waerland hat ausführlich auf die *Fäulnisbildung einer Überernährung mit Fleisch, Fisch und Ei* hingewiesen.

Krebsgefährdete müssen diese tierischen Eiweiße sowieso weitgehend ausschalten, weil die Fermentbildung und die Entgiftung nicht überstrapaziert werden dürfen.

Welches Eiweiß ist am besten verträglich?

Ohne Zweifel das wenig belastende, gesäuerte Milcheiweiß, da es bereits vorverdautes Eiweiß ist: Joghurt, Dickmilch, Quark, Kefir, Buttermilch.

Joghurt
Es sollte einer mit *rechtsdrehender* Milchsäure sein.

Nach jahrelangem Streit auf diesem Sektor empfiehlt nun die Weltgesundheitsorganisation WHO rechtsdrehende Milchsäure, während die linksdrehende für Säuglinge ganz verboten und für Erwachsene eingeschränkt werden soll. Die heute überall angebotenen Fruchtjoghurte, gesüßt und womöglich noch gefärbt, sind also nicht das Richtige.

Quark
Die mageren Sorten sind zu bevorzugen.

Ungesäuerte Milch ist schon weniger gut verträglich, eventuell Magermilch. Jene Milch, die heute als wochenlang haltbar angeboten wird, muß abgelehnt werden (das ist wirklich nichts Lebendiges mehr, wenn es pasteurisiert, sterilisiert, homogenisiert ist). Frischmilch, Vorzugsmilch!

Käse

Magerkäse und Weichkäse sind günstiger als sehr fette Käse und Hartkäse. Von der Möglichkeit Gebrauch machen, daß es Käsesorten gibt, die chemische Molkereihilfsstoffe nicht enthalten. Mehr als 30 Prozent Fett sollen Käse nicht enthalten. *Kein Schnittkäse am Abend (zu schwer).*

Sojaprodukte, Sojamehl

Sind leicht verträglich und werden in den letzten Jahren immer mehr angeboten. Gut würzen!

Hefeprodukte

Enthalten neben reichlich Eiweiß auch *viel Vitamin B* und sind deshalb eine hervorragende Nahrungsergänzung.

Eier

So frisch wie möglich verwenden – sie dürfen nicht älter als acht Tage sein. Nicht täglich – enthalten zuviel Cholesterin.

Nüsse

Haselnüsse, Mandeln, Cashewnüsse: Relativ schwer, aber für Gesunde eine hervorragende Eiweißquelle.

Hülsenfrüchte

Erbsen, Linsen, Bohnen in getrockneter Form sind zwar schwer verdaulich (blähend), aber für Gesunde durchaus ein- bis zweimal wöchentlich möglich. *Der Darm braucht Zellulose und sog. Ballaststoffe!* Übrigens: Erdnüsse sind Hülsenfrüchte und keine Nüsse! Nur in geringen Mengen (stark säuernd).

Fleisch und Fisch

Generell weniger als bisher. *Grundsätzlich nichts vom Schwein, keine Wurst, keine Masttiere (Ente, Gans, Mastgeflügel).* Mageres Fleisch (an den Cholesterinspiegel denken)!

148

2. Das Fett

Es sollen nicht mehr als 50 bis 70 g Fett pro Tag gegessen werden.
Die Qualität ist entscheidend: Hier darf man nicht sparen.
Lieber ein teures, erstklassiges Öl und dafür weniger als miserable Sparpackungen zu Sonderpreisen! (Übrigens wird selten soviel geschwindelt wie bei Fett/Öl, Wein und Honig: Wenn Sie hier eine saubere Quelle haben, können Sie von Glück sprechen!)

Keine Schlachtfette: Schweine- und Rindsfett sind absolut verpönt; Butter mäßig erlaubt. Die Butter kam in etwas schlechten Ruf – daran sind aber nicht in erster Linie Ernährungsfachleute schuld, sondern wohl die werberaffinierte Margarineindustrie. Zwar mangelt es der Butter an den erwünschten hochungesättigten Fettsäuren im Gegensatz zu pflanzlichen Ölen, aber mir persönlich ist eine kleine Menge frischer Butter lieber als eine zweitklassige zweifelhafte Margarine. Und ausgerechnet bei der Butter werden die Leute dann pingelig: Haben sie fettes Fleisch und fette Wurst und sonstige versteckte Fette relativ bedenkenlos gegessen, werden sie bei der Butter plötzlich ängstlich. Sie wurde schließlich die Hauptschuldige des etwas unangemessenen Cholesterinrummels der letzten Jahre. Wir haben hier wohl ein typisches Verdrängungsphänomen: Man stürzt sich ängstlich auf ein einziges Nahrungsmittel – und bleibt naiv vielen anderen gefährlichen gegenüber! Also: Auch hier die Kirche im Dorf lassen und nicht einseitig werden!

Sonnenblumenöl, Maiskeim- und Sojaöl, Olivenöl, Distelöl: Wenn irgend möglich, alles kaltgepreßt (»Kaltgeschlagen«) – weil durch das Erhitzen (Raffinieren) wiederum wertvolle Stoffe zerstört werden.

Als Streichfette sind hochwertige Diätmargarinen und Diätspeisefette zu verwenden. *Hochungesättigte Fettsäuren müssen es also sein:* Nur sie versorgen die Zelle optimal mit Sauerstoff und *sind sogar cholesterinsenkend.*

Denken Sie aber auch die »versteckten Fette«, die in vielen Nahrungsmitteln enthalten sind (z.B. Milch, Eier, Nüsse, Kuchen usw.), und veranschlagen Sie dafür schon ca. 20 g pro Tag – bleiben also nur noch 30 bis 50 g übrig.

Biologisch wertlos werden Fette und Öle durch Erhitzen – das ist ein wichtiger Grundsatz. Erhitzte Öle und Fette sind samt und sonders schwer verdaulich, gallensteinbildend und machen fett.

Mißverständnis:
Nicht Brot und Kartoffeln sind schuld,
daß viele Menschen dick sind,
sondern die falsche Gewohnheit von Kindheit an,
Süßigkeiten zu essen, zuviel zu essen
und sich zu wenig zu bewegen!
Man weiß heute eindeutig, daß
Fett- und Mastzellen bereits im
Säuglings- und Kleinkindalter
angelegt werden und später kaum mehr
abgebaut werden können.
Darum nützen dann im Erwachsenenalter
selbst harte Abmagerungskuren so wenig,
weil in der Kindheit schon alles in der
Ernährung falsch läuft!

Was sind Kohlenhydrate eigentlich? Sie sind enthalten in Getreide und Getreideprodukten, in Obst und Gemüse, in Kartoffeln und Salaten, im Honig.

Der Ernährungsforscher Kollath, von dem leider nicht mehr als die »Kollath-Flocken« bekannt sind, hat gesagt, daß *das Getreide die Grundlage der menschlichen Ernährung war und sein sollte. Wie recht er hat! Nur ein völliges Ignorieren aller Tatbestände kann die momentan katastrophale Zivilisationskost als normal ansehen.*

Nie wurde z.B. soviel Fleisch und Wurst gegessen, von dem künstlichen süßen Plunder ganz abgesehen. Der Getreidebrei war noch in meiner Kindheit in der Ernährung einfacher Leute auf dem bayerischen Land eine Basis. Fleisch am Sonntag – das war die Regel, die ich selbst noch kennenlernte. Süßigkeiten an hohen Feiertagen, an Weihnachten.

Mißverständnis: Abmagerungskuren nützen meistens nicht viel, sondern schaden enorm. So einfach ist es eben nicht: 50 Jahre falsche Ernährung, dann vier Wochen »Diät« – und nach zehn Pfund Gewichtsverlust meinen, jetzt könne man wieder. Das funktioniert eben nicht. *Diät muß lebenslänglich gehalten werden* – wenn man das Wort mit dem zweifelhaften Beigeschmack überhaupt noch verwenden will. Besser ausgedrückt: *Eine gesunde Kost braucht der Mensch sein ganzes Leben lang! Und wenn Sie früher nicht die Möglichkeit hatten: Stellen Sie sich heute noch um.* Viele haben in der Lebensmitte und sogar im Alter durch radikale Änderung schlechter Eßgewohnheiten für ihre Gesundheit wahre Wunder bewirken können. Im übrigen stellt man sich mit zunehmendem Alter meist ganz von selbst und automatisch auf eine relativ gesündere Kost und Lebensweise um – weil man das frühere und normale und anscheinend doch nicht ganz so gesunde Essen einfach nicht mehr verträgt! *Aber ist es nicht doch immer wieder paradox, daß man erst durch Krankheit, Leiden, Vitalitätsverlust und viel Sorgen zur Vernunft, zur Einsicht, zur Änderung kommt?* Scheint es nicht angebracht, den Verstand vorher zu benutzen? Haferbrei, Weizenbrei, Vierkornbrei, Müsli: Was wäre das für ein Frühstück für Büroleute und Schulkinder, auch für Hausfrauen, die sich damit die Zwischenmahlzeiten sparen können. Dreimal darf man raten, was sich Kinder mit falschen Ernährungssitten von dem Pausengeld wohl kaufen: Sie morgens mit einem handfesten Brei zu sättigen – auf diese Lösung sollte man kommen!

Vollkornbrot – wer hat uns nur eingeredet, daß Weißbrot überhaupt schmeckt? Es gibt heute ein so großes Angebot an Brot aus ganzem Korn, daß jeder für sich das Richtige finden kann. *Und auch hier bedenke man wieder: Was man nie oder nur selten ißt, kann man nicht gut vertragen.* Alles ist Training. Wenn nicht jemand krank im Verdauungssystem ist, wird er Vollkornprodukte mit etwas Übung vertragen: Das Verdauungssystem stellt sich mit seiner Fermentproduktion darauf ein! Eventuell Knäckebrot, Vollkornzwieback.

Zucker und Traubenzucker sind verpönt. Erlaubt ist Fruchtzucker in kleineren Mengen (kristallin oder als Laevoral*). Milchzucker ist ebenfalls erlaubt,* ja sogar wegen seiner günstigen Wirkung auf die Darmflora erwünscht, nur süßt er nicht.

Das Verlangen nach Süßigkeiten muß also gestillt werden mit *süßen Früchten, auch Trockenobst eignet sich hier hervorragend. Honig ist besonders in aufgelöster Form gut bekömmlich.*

> **Sowohl bei Obst als auch bei Gemüse wäre
> es außerordentlich wünschenswert,
> wenn man es aus biologischem Anbau,
> d.h. ohne die üblichen Spritz- und Düngemittel,
> bekäme.**

Rohkost täglich! Das ist eine unabdingbare Forderung. Eine große Schüssel saftigen gemischten Salats täglich in ständigen Variationen. Nach Möglichkeit aber *Obst und Gemüse nicht während derselben Mahlzeit, das paßt nicht so gut zusammen,* weil der Organismus nur schwer gleichzeitig die Fermente zur Verdauung des einen und des anderen produzieren kann.

Über Vitamine und Mineralstoffe muß man gar nicht viel sagen: Wer die vorher gegebenen Ratschläge praktiziert, braucht sich im allgemeinen keine Sorgen über Mangel an Vitaminen und Mineralstoffen zu machen. Deren besondere Zufuhr wird bei sonst einigermaßen Gesunden (Kranke sind in einem Ausnahmezustand) erst dann nötig, wenn die Nahrungsmittel fahrlässig verändert werden. (Ein Beispiel, das einer gewissen Tragikkomik nicht entbehrt, ist der Umstand, daß man beim Ausmahlen von Getreide so gründlich vorgeht, daß auch kein Restchen der Vitamin-B-haltigen Schale enthalten ist. Der Vitamin-B-Komplex wird statt dessen am laufenden Band in der Praxis intramuskulär gespritzt, weil viele Menschen Vitamin-B-Mangelzustände aufweisen. Paradoxerweise nimmt der Mensch dann lieber Vitaminpillen oder -spritzen statt die Nahrungsganzheit zu sich. Groteske Formen nimmt dies in Indien an, wo die Menschen sowieso sehr wenig zu essen haben. Der Reis wird geschält, dadurch entwertet und somit die Unterernährung noch drastischer. In Italien habe ich erlebt, daß die Bevölkerung geradezu vitamin-hysterisch ist: Alle wollen sie Vitaminspritzen; der Hinweis auf Vollkornbrot nützt nichts, weil es dort keines gibt. Es sei denn, man ist in einem Touristenort: Dort kann man »pane tedesco« verlangen, und man bekommt tatsächlich in Stanniol verpackte Vollkornschnitten – aus Deutschland importiert. Das landesübliche »pane integrale« ist nur dem Namen nach etwas Ganzes – es ist ein Mischbrot.)

Was man nicht essen sollte

1. Eiweißhaltige Nahrungsmittel

a) *Tierisches Eiweiß*
Schweinefleisch, gekochten Schinken, Schweineleber.
Fleisch von Masttieren: Mastochsen, Gänse, Enten, Aale,

Gänseleber, Rindsleber.
Geräuchertes und gepökeltes Fleisch.
Alle Innereien außer Kalbsleber.
Fetter Fisch wie Aal, Karpfen.
Wurst.

Delikatessen wie:
Krabben und Hummer aus Dosen,
überhaupt keine Fischkonserven
    (Ölsardinen, Thunfisch, Marinaden, Rollmöpse),
Fleischsalate aus Dosen
    (Corned beef).

b) *Milchprodukte*
Käse, Eier, Kondensmilch, Lagerhauseier.

2. Kohlenhydrathaltige Nahrungsmittel –
Stärke und Zucker

Alle aus weißem Mehl hergestellten Erzeugnisse, wie z.B.

Weißbrot, Brötchen, Kuchen; alle Teigwaren, die nicht aus dem vollen Korn hergestellt sind.

Alles gespritzte und konservierte Obst sollte nach Möglichkeit gemieden werden; Citrusfrüchte (Orangen, Zitronen, Grapefruits) sollten nur ausnahmsweise gegessen werden wegen der Säure; keine Obstkonserven; alle mit weißem und braunem Zucker gesüßten Obstsäfte.

Alles stark chemisch gedüngte und gespritzte Gemüse, unreifes Gemüse, Konservengemüse, nicht biologisch gezogene Kartoffeln.

Marmeladen und Gelees, soweit sie mit weißem oder braunem (statt mit Fruchtzucker) gesüßt sind.

Weißen Zucker natürlich ebenso wie braunen, Traubenzucker (wie z B. Dextropur), Malzzucker.

Alle Gebäcke und Konditoreiwaren, Speiseeis, gesüßte
Limonaden, Schokolade, Nougat, Bonbons, Pralinen.

3. Fette und fetthaltige Nahrungsmittel

Gehärtete Fette, auch wenn sie pflanzlicher Art sind
(z.B. Kokos- und Erdnußfett);
jedes raffinierte Öl, erhitztes Öl;
Schweinefett, Hammelfett, Gänsefett, Rindertalg;
jedes erhitzte Fett.

4. Gewürze, Genußmittel, Getränke

Essigessenzen, Schnaps, Likör, Kaffee und schwarzer Tee im
Übermaß.

Empfohlen werden kann

Fleisch
am ehesten noch Rind- oder Kalbfleisch (obwohl besonders
letzteres mit Hormonen und Penicillinen behandelt sein
kann), Geflügel – soweit es nicht von Geflügelfabriken
stammt, Lammfleisch, Wild.

Fisch
magerer Seefisch, Heilbutt, Lachs, Seezunge, Scholle, Stein-
butt, Schellfisch, Goldbarsch, Kabeljau, Bachforellen, frischer Hummer und Krebse.

Milch
Vorzugsmilch, Magermilch, Buttermilch, Kefir, Magermilch-
pulver als Speisenzugabe (Eiweiß ohne Fett!), Quark in jeder
Form.

Käse
Magerkäse (möglichst nicht über 30 Prozent Fett). Weichkäse ist besser verträglich als Hartkäse.

Hülsenfrüchte u.a.
Erbsen, Linsen, Bohnen (soweit verträglich); sowie Nüsse,
Mandeln.

Hefen
Bierhefe, Hefeextrakte, Hefepulver und -flocken.

Vollkorn
und alle Vollkornprodukte
Knäckebrot, Soja-Teigwaren, Weizenkeimnudeln, ungeschäl-
ter Reis, Vollschrotmehl aus Hafer, Weizen, Gerste, Hirse,
Roggen, Grünkern, Buchweizen, Sojamehl, Sojapräparate.

Obst aus biologischem Anbau
mindestens aber frei von chemischen Rückständen.

Wildfrüchte
(frische und reife) Heidelbeeren, Brombeeren, Sanddorn,
Hagebutten.

Säfte
Gemüsesäfte.

Rohkost
Rohes Sauerkraut.

Gewürze

alle Gewürze (mit Ausnahme von Salz: hier sehr sparsam – und wenn – dann Voll- oder Meersalz).

Von großer Wichtigkeit ist das Säure-Basen-Gleichgewicht der Nahrung. Unsere Nahrungsmittel können wir in drei Hauptgruppen aufteilen:

1. Säurespender oder -bildner
2. Basenspender oder -bildner
3. Nahrung im ungefähren Säuren-Basen-Gleichgewicht

Bei der heutigen Volksernährung, leider aber auch bei der üblichen Krankenernährung, ist dieses *Gleichgewicht empfindlich gestört,* da die meistverbrauchten Nahrungsmittel auf den Organismus *säuernd* wirken. (Die gefährlichsten »Basenräuber« unserer Ernährung sind: weißer Zucker, Weißmehl und dessen Produkte, gehärtete und raffinierte Fette.)

Es gilt, daß die Nahrung im Säure-Basen-Gleichgewicht sein soll und *der Mensch sich vom vierzigsten Lebensjahr an vorwiegend basisch ernähren muß.*

Die basenüberschüssigen Nahrungsmittel enthalten die sog. Mineralbasen. Das sind Sauerstoffverbindungen (Oxyde) verschiedener Elemente (Metalle) wie z.B. unter anderen Aluminium, Eisen, Kalium, Kalzium, Kupfer, Magnesium, Natrium. Ißt der Mensch beispielsweise eine bedeutend größere Menge an Fleisch, Eiern, Käse oder anderen säurespendenden Nahrungsmitteln als der Körper benötigt, so können die überschüssigen Säuren, die aus dem Eiweißabbau entstanden sind, ausgeschieden werden, und zwar entweder durch

a) Neutralisation mit den Basen, die in der Zusatznahrung vorhanden waren (Obst, Salat, Milch, Kartoffeln, Gemüse) oder

b) durch Verbindung mit Basen, die der Körper von früheren Mahlzeiten als Reserve im Blut hat, oder endlich
c) durch Entzug von Basen aus Geweben, Organen, Knochen und Zähnen (z.B. Kalk).

Sind alle Basenvorräte erschöpft, so bleiben die Säuren zwangsläufig im Blut bis durch neue Basenzufuhr die Neutralisation wieder möglich wird. Ist aber eine Ernährung über einen langen Zeitraum mehr oder weniger stark säureüberschüssig, kommt es zu einer Fülle von dafür typischen Krankheiten: Rheuma, Nervenentzündungen, Steinbildung in Gallen- und Nierenblase, Zuckerkrankheit, hoher Blutdruck, Zahnkrankheiten u.a.

Die wichtigsten vorwiegend basischen Nahrungsmittel sind:

1. Obst und frischgepreßte Obstsäfte, Blattgemüse, Wurzelgemüse, Gemüsefrüchte, Stengelgemüse (außer Spargel), Zwiebeln, Knoblauch, Kartoffeln, Kastanien
2. rohe Milch, Joghurt, Rahm, Sojabohnen und deren Produkte, Gemüsebrühe, Eigelb, Gewürzkräuter.

Die wichtigsten vorwiegend säuernden Nahrungsmittel sind:

1. *Säurespender:* Fleisch, Fisch, Geflügel, Wild, Wurst, Innereien (Leber, Nieren), von Eiern das Eiweiß; Käse (scharfer mehr als milder), Hülsenfrüchte (Erbsen, Linsen, Bohnen, besonders getrocknet), Spargel, Artischocken, Rosenkohl, Erdnüsse (sind ja eigentlich Hülsenfrüchte).
2. *Säurebildner:* weißer Zucker, Weißmehl und seine Produkte (Weißbrot, Zwieback, Feingebäck, Teigwaren, Weizengrieß), Öle und Fette, besonders wenn gehärtet oder raffiniert, Genußmittel wie Kaffee, schwarzer Tee, Schokolade, Alkohol.

Im ungefähren Säure-Basen-Gleichgewicht stehen:

Nüsse (frisch geerntete), frische Hülsenfrüchte mit der Schale (grüne Bohnen, Zuckererbsen etc.), Hirse und deren Produkte, Vollkornbrot und Vollkorngetreide, Vollkornteigwaren, Weizenkeime, frische Butter.

Wie ernähren sich
andere Völker?

Von den eingangs erwähnten Hunzas, einem Winkel zwischen Kaschmir und Afghanistan auf Höhen zwischen 1 500 und 2 500 m lebend, sagt man, daß sie das gesündeste Volk der Welt seien. Ihr karges Leben in Bergabgeschiedenheit hält sie zu reichlich Arbeit und kärglicher Ernährung an: Sie leben hauptsächlich von Obst (getrocknete Aprikosen) und Vollkornbrot. Fleisch und Wein genießen sie nur im Winter und bei Festlichkeiten. Wild ist selten. Der Frühling, wenn die Vorräte schwinden, ist oft eine recht harte Fastenzeit. Kartoffeln und Milch, etwas Gemüse. Das Vollkornbrot ist ein Fladenbrot, ganz ähnlich dem, das in Südtirol gebacken wird.

Überhaupt ist man erstaunt, wie sich die Lebensgewohnheiten an den verschiedensten Punkten der Erde ähneln. In Afghanistan essen die Bergbauern ebenfalls Fladenbrot, dazu Sauermilch, Butter, gedörrte Aprikosen, Erbsen, selten Fleisch; sie trinken dazu Tee mit Zucker oder Salz. *Bei den Kurden* des Irak, Iran und der Türkei ist Milch das Hauptnahrungsmittel. Die kargen Berghänge – oft mit Terrassenkulturen bebaut – geben nicht viel her: Kartoffeln, Getreide, Früchte und etwas Gemüse. Das Fleisch ihrer Schaf- und Ziegenherden essen sie nicht zu oft. Schließlich leben sie von der Wolle der Tiere.

Einfaches Essen, eine Art *gesunde Arme-Leute-Kost,* kann man noch in Südtirol finden – allerdings auch nur noch bei wenigen abgeschiedenen Bergbauern. Das Getreide steht im Mittelpunkt. Zum Frühstück gibt es »Plentenmus«, das ist ein mit Buchweizenmehl und Milch gekochter Brei. Im Herbst wird dieser mit Holundermarmelade gesüßt. Eine Ausnahme bildet lediglich der Sonntag, an dem morgens der Rest der »Krapfen« vom Samstagabend verzehrt wird. Dazu gekochte Milch. Das Mittagessen besteht montags, dienstags und donnerstags aus »Plentenknödeln« – also wiederum mit Buchweizen, dazu im Winter Kraut, im Sommer Salat. Weizenknödel gibt es dann am Mittwoch und Samstag – wobei die Beilagen die gleichen sind. Nur an Sonn- und Feiertagen kommt Fleisch auf den Tisch, dazu geröstete Kartoffeln. Vorher eine Fleischsuppe mit Nudeln. An den Feiertagen gibt es Gebackenes: »Kartoffelblatteln« mit Kraut, »Schmarrn« oder »Tirtln« (Teig mit Spinat- oder Krautfüllung). Am Samstagabend Krapfen mit Preisel- oder Himbeermarmelade gefüllt.

An Zwischenmahlzeiten gibt es in Südtirol je nach Arbeit: Brennsuppe mit Brotbrocken und heißen Kartoffeln, Speck und hartes Fladenbrot. »Lebs«, das ist ein mit Wasser und Zucker verlängerter Wein.

Obst und Gemüse, also Frischkost, kommen zu kurz. Das sonst naturnahe Leben mit viel körperlicher Arbeit und das seelische Gleichgewicht scheinen diesen Mangel zu kompensieren.

In Äthiopien ist das Hauptgericht das Teff: Es besteht aus einem Bohnenbrei, darauf kommen leicht in Butter geröstete Zwiebeln, etwas Knoblauch, rohe Tomaten und Paprikaschoten kleingeschnitten, ein großer Löffel saure Milch (oder, wenn nicht zur Hand, ein Löffel Speiseöl) und Paprikapulver. Das wird täglich gegessen.

Getreide und Getreidebrei müssen wieder die Ernährungsgrundlage werden! Hafer-, Hirse-, Buchweizen-, Mais- und Weizenbrei! Immer das ganze, ungeschälte Korn verwenden!

Zur Abwechslung ein Aufbau- und Regenerationsfrühstück nach Heinrich Pumpe:

2 EL Magerquark,
2 EL Vollkornhaferflocken,
2 EL Weizenkleie,
1 EL Vitaminöl,
1 EL frischgemahlene Nüsse (keine Erdnüsse),
1 TL Honig.

Alles gut mischen. Es kann zugesetzt werden: Milch, Buttermilch, Fruchtsaft, Süßmost, alles Obst – frisch gerieben – auch Trockenobst (Feigen, Datteln, Bananen, Weinbeeren, Rosinen, Korinthen, Zwetschgen etc.). Das Frühstück darf angewärmt, jedoch nicht erhitzt werden.

Man muß sich auch vergegenwärtigen, daß bei den meisten Völkern, und früher auch bei uns, die Alltagskost sehr bescheiden, einfach und vor allem gesund war. Nur an Festtagen war es seit eh und je Brauch, mehr und etwas Besonderes zu essen und zu trinken. Ernährungsforscher bezweifeln aber heute keineswegs, daß die religiösen Fastenvorschriften einen ganz realen und gesundheitspolitischen Hintergrund hatten. Sollten wir uns gar wieder an das Goethe-Wort von »sauren Wochen, frohe Feste« erinnern? Sollten wir an manchen Tagen bewußt einfach und bescheiden essen, um das Besondere wieder schätzen zu lernen?

Die Unzufriedenheit von uns allen scheint zuzunehmen, kaum ein Wort wird häufiger gebraucht als das von der Frustration. Sind wir »frustriert«, weil wir alles haben?

Fragen, nichts als Fragen. Betrachten wir es schließlich noch ein bißchen heiter, und beachten wir die ironischen Ratschläge der früheren Bundesgesundheitsministerin Katharina Focke, die sie uns zum *Feste feiern* gibt:

1. Essen Sie, bis Sie platzen, vor allem möglichst fettreich.
2. Stopfen Sie Ihre Kinder ohne Unterbrechung mit Süßigkeiten voll.
3. Nötigen Sie alle Familienmitglieder zu ständigem und reichlichem Alkoholgenuß.
4. Rauchen Sie, was das Zeug hält.
5. Meiden Sie während der Feiertage jede überflüssige Bewegung, vor allem in frischer Luft.

Ein köstliches Gericht

Da der Verfasser ein Bayer ist, darf er vielleicht am ehesten dieses Respektlose sagen: Nämlich, daß im allgemeinen die bayerische Küche keine besonders gesunde Küche ist. Knödel, Schweinshaxen, fetter Preßsack, dicke Suppen, Frühstück mit Semmeln und Weißbrot, dreimal aufgewärmtes Sauerkraut (weil es dann am besten schmeckt), viel cholesterinreiche Eier, schwerverdauliche Mehlspeisen, mit Chemikalien und Hormonen durchsetzte Würste aller Art: Ja – damit mag unserer zunehmenden Verfettung gedient sein, der Mineral- und Vitaminbedarf wird schwerlich gedeckt.

Da sei nun an ein *schlesisches Gericht* erinnert, das mehrere gesunde Faktoren enthält, an das *Quark-Leinölgericht*. (Und da es jedem Bayern von vornherein schon ein Greuel sein muß, das Wort »Quark« zu hören, nennt er es Topfen – was das gleiche ist!) Diese *Eiweiß-Öl-Speise* ist in vielfacher Hinsicht geeignet, unsere Mangelkost auszugleichen:

1. Quark enthält viel Eiweiß, das besonders für Menschen in der zweiten Lebenshälfte als *Zellbaustoff* unentbehrlich ist.
2. Er enthält schwefelhaltige Eiweißverbindungen, die für die *Zellatmung* von Bedeutung sind und sogar beim Krebsproblem eine Rolle spielen.
3. Leinöl, wenn es kaltgepreßt (»kaltgeschlagen«) ist – und das ist entscheidend! –, enthält wie das Distel-, Sonnenblumen-, Mohn-, Mais- und Nußöl sogenannte hochge-

sättigte Fettsäuren (Linolsäuren), die die Cholesterinablagerungen an den Blutgefäßen verhindern und damit einen *Schutz vor »Verkalkung« und Herzinfarkt* bieten.

Nun zur Zubereitung: Für eine Person sind etwa 100 g Magerquark, 40 g Leinöl und 25 g Milch nötig. Alles gut verrühren (vielleicht mit einem Sahneschläger mit Handbedienung). Den Geschmack kann man sich wählen und ständig anders machen: *süßlich* mit Honig, Ingwer, Zimt, Anis, Fenchel, Vanille, Zitrone oder Orange. Am besten mit der Jahreszeit entsprechenden Früchten: Himbeeren, Erdbeeren, Heidelbeeren – oder auch Ananas, Datteln, Rosinen.

Oder pikant: Mit Schnittlauch und kleingehackten Zwiebeln, allen Gartengewürzen (Petersilie, Dill, Majoran, Zitronenmelisse, Borretsch, auch evtl. Knoblauch), mit Kräuter- oder Selleriesalz! Das gibt einen leckeren Brotaufstrich, und Kinder essen solche Sachen gern. Paprika- oder Currypulver, Radieschenscheiben – da kann man seine Fantasie glänzen lassen. Mir selbst schmeckt es am besten mit warmen Kartoffeln (Pellkartoffeln). Das ist eine ausgewachsene Mahlzeit. Also: Heraus aus dem eingetretenen Trott der Eßgewohnheiten. Heute muß man sich umstellen – wenn die Gesundheit gerettet werden soll!

Über die Gewürze:
Arznei und Nahrung

In der Nahrung ist ein Heilmittel gegeben.
Aretainos

Hippokrates und nach ihm Paracelsus wollten, daß die *Nahrungsmittel Heilmittel und die Heilmittel Nahrungsmittel seien.* Die Eingeborenen auf Neuguinea benutzen Gewürze ebenso wie die besten Köche in einem chinesischen Restaurant. Normalerweise gibt es auf der ganzen Welt keine Nahrung, die nach nichts schmeckt: Das bewirken die Gewürze.

Cicero sagte vor nahezu zweitausend Jahren: »Sed ego diaeta curare incipio, chirurgiae taedet.« Zu deutsch: »Ich will jetzt durch diätische Mittel Hilfe haben, die chirurgischen Maßnahmen habe ich satt.« Zur Zeit Ciceros genossen allerdings die Diätetiker unter den Ärzten größeren Ruf als die Chirurgen, die immer Ärzte zweiter Klasse waren. Heute ist es gerade umgekehrt.

Ja heute: Große Mengen von Enzympräparaten werden hergestellt und geschluckt, Diäten werden verordnet und verleiden vielen Menschen das Essen – um nicht zu sagen: die Lebensfreude. Die Einheit Nahrung und Heil ist verlorengegangen. Es ist üblich geworden, daß entweder etwas »sündhaft gut« schmeckt – und gerade dann meistens vom Behandler verboten werden muß, oder es ist »gesund« – und schmeckt dann katastrophal bzw. »nach gar nichts«. Die Frage, ob das so sein muß, liegt auf der Hand. Die Zahl der Patienten mit Magendruck, Völlegefühl, Blähungen, Gallebeschwerden und Stuhlverstopfung ist enorm hoch. Ein

Ausweg? Ja, ein Ausweg, jedoch kein Patentmittel – denn Substitutionsbehandlung wird genug getrieben –, aber einem Großteil dieser Patienten könnte entscheidende Hilfe durch die *gezielte* Anwendung der *Gewürze* gebracht werden, jenem eigenartigen Geschenk der Natur, von dem man nicht weiß, ob man es noch Nahrung oder schon Arznei – oder gar beides – nennen soll.

Und wenn Prof. H. Glatzel vom Max-Planck-Institut für Ernährungsphysiologie auf die »biologischen Wirkkräfte der Gewürze« hinweist, so mag dies ein Auftakt dafür sein, daß das »Aschenbrödel Würzstoff« wieder in »die gute Stube« kommt!

Der Münchener Heilpraktiker Josef Angerer wies jahrelang auf die arzneilichen Eigenschaften der Küchenkräuter (Steuerung der Regulationsvorgänge im Verdauungsablauf) hin, und mein Lehrer Heinrich Pumpe trennte die ausgesprochenen Arzneipflanzen nicht von den Gewürzpflanzen.

Der Therapeut kann in der Sprechstunde nur den Anstoß geben, die Hausfrau oder der Hausmann muß es in der Küche verwirklichen: Die Synthese zwischen Nahrung und Arznei soll wieder hergestellt werden.

Gewürze

1. Anis (*Pimpinella anisum*)

Stammt aus dem östlichen Mittelmeergebiet, heute sind Spanien und auch Rußland mit ihren regenlosen langen Sommern die hauptsächlichsten Anbaugebiete.

Der Anis enthält zwei bis drei Prozent eines schweren, leicht erstarrenden ätherischen Öls (Anethol) – das Anisöl, welches seit langem als auswurfförderndes Mittel (Anisbonbons, die auf Jahrmärkten angeboten werden!) gebraucht wird. Ferner ist Anis appetitweckend, blähungswidrig, krampflösend. Als solcher ist er Bestandteil des sogenannten »Vier-Winde-Tees«. Es gilt auch als milchbildend.

Wer würde aber nicht auch die leckeren Anisplätzchen kennen, dieses würzige Festgebäck, dessen Duft die ganze kindliche Vorweihnachtsfreude wieder wachruft? Auch die rohen, geriebenen Möhren schmecken gut, wenn man sie mit Anispulver bestreut, ebenso der Rote-Rüben-Salat.

2. Basilikum (*Ocimum basilicum*)

Auch Königskraut genannt, woraus man vielleicht das Ansehen, welches diese Pflanze genoß, ersehen mag; es stammt aus Indien und war bereits im Mittelalter bei uns ein sehr geschätztes Gewürz. Die Blätter enthalten ein ätherisches Öl und riechen säuerlich-aromatisch – sie müssen wegen des Riechstoffverlustes gut verschlossen aufbewahrt werden. Aus dem Arzneischatz ist diese Pflanze nahezu ganz verschwunden, wurde aber früher als milchtreibend ebenso geschätzt wie in der Anwendung bei katarrhalischen Erkrankungen und Schleimhautentzündungen der Nieren-Harn-Wege.

In seiner Gewürzeigenschaft steht das Basilienkraut nach wie vor in hohem Kurs und findet Verwendung zu Salaten, Suppen, Fischspeisen.

3. Bärlauch (*Allium ursinum*)

Der Bruder des Knoblauchs, der bei uns in Laubwäldern mit seinen maiglöckchenartigen Blättern ganze Flächen ausmacht und z.B. im Frühjahr im Englischen Garten in München – dem Dorado der Spaziergänger – wegen seines unverkennbaren Geruchs für manchen Anlaß zum Naserümpfen ist!

Als Lauch-(Zwiebel)Gewächs enthält er ein Knoblauchöl mit Venylsulfid. Besondere Hervorhebung verdient der hohe Vitamin-C-Gehalt der frischen grünen Blätter, die ausschließlich auch Verwendung finden – es ist eine der wenigen Pflanzen, deren Anwendung nur in frischem Zustand wirksam ist.

In der Volksmedizin gilt der Bärlauch als blutreinigend, wird gern genutzt bei chronischen Hautkrankheiten.

Die grünen Blätter – nur eines oder zwei – sind als appetitanregend, verdauungsfördernd, wurmtreibend empfohlen. Kräuterexperte Heinrich Pumpe erklärte den Bärlauch in seiner Wirkung dem Knoblauch sogar als überlegen, und er ist ein fester Bestandteil der nach ihm durchgeführten Wildkräuter-Frischpreß-Saftkuren.

Die erfahrene Hausfrau nimmt im Frühjahr ein Blättchen und reibt damit die Salatschüssel aus, mit dem Erfolg, daß der Salat pikanter schmeckt, ohne daß man selbst nach Knoblauch riecht.

4. Beifuß (*Artemisia vulgaris*)

Wer würde ihn nicht kennen, diesen an Schuttplätzen, Ruinenecken, Wegrändern, Zäunen und Ufern staudenartig auftretenden Verwandten des Wermuts? Eines jener vielbeschimpften Unkräuter – die nichtsdestoweniger doch große Heil- und Gewürzpflanzen sind!

Inulin, Gerbstoff und ein cineolhaltiges ätherisches Öl hat die neuere Pharmakologie neben Harzen und Bitterstoffen hier zutage gefördert – die Alten wußten nichts davon, was sie nicht hinderte, den Beifuß als Magenmittel bei Über-

säuerung mit Sodbrennen und Krämpfen der Verdauungsorgane anzuwenden. Wenn man in der Küche von Beifuß
spricht, dann meistens in Verbindung mit dem Enten- und
Gänsebraten, vielfach ist er auch eines jener Kräuter, die der
Füllung dieser Braten beigegeben werden. Aber sicher nicht
nur geschmackshalber, sondern instinktiv auch wegen der
Verdauungshilfe, die der Beifuß bei dergleichen fetten Speisen leistet, die man eigentlich besser nicht ißt.

5. Bohnenkraut (*Satureja hortensis*)

Auch heute noch in vielen Gärten zu finden – wie schon zur
Zeit Karls des Großen (742 bis 814) als Kulturpflanze erwähnt. Ätherische Öle und Gerbstoffe führen zu einer ap-
petitanregenden und krampflösenden Wirkung. Jedoch
weniger in der Medizin als vielmehr in der Küche bei Boh-
nengerichten und Kartoffelspeisen beliebt. Auch Würsten
wird es vielfach beigegeben. Wir haben hier ein vortreffliches Beispiel, daß ein an sich nicht sehr gut verträgliches
Gemüse wie Bohnen (und Hülsenfrüchte allgemein – viele
Menschen klagen nach deren Genuß über Blähungen) durch
Beigabe des »spezifischen« Gewürzes eine eindeutig bessere
Verträglichkeit zeigt. Es dürfte sich um eine fermentative
Hilfe handeln, d.h., das Bohnenkraut steuert jene Stoffe bei,
die zur besseren Verdauung der Bohnen nötig sind.

6. Borretsch (*Borageo officinalis*)

»Ego Borrago – gaudia semper ago« – aus dem Lateinischen
sinngemäß übersetzt: »Ich, der Borretsch, bringe immer
Freude!« Die Pflanze stammt aus dem Mittelmeergebiet, hat
sich bei uns aber so eingebürgert, daß sie zuweilen aus den

Gärten ausbricht und üppig auf Schutthaufen – mit lieben blauen Blüten – wuchert.

Schleimstoffe, Gerbstoffe, Saponine, Kieselsäure, apfelsaurer Kalk und Kaliumnitrat wäre die Wirkstoffanalyse; Schleimhautentzündungen, Venenentzündungen und Anregung der Wasserausscheidung der Einsatz.

Doch ist auch die Anwendung des Borretsch in der Medizin gering gegenüber seinem Gebrauch als Gurkenkraut in der Küche. Es dürfte für ihn dasselbe gelten wie für das Bohnenkraut: »gurkenspezifische« Fermenthilfe. Denn daß auch die an sich so wertvolle Gurke als Nahrungsmittel ein Problem ist, weiß der Praktiker. Mit Borretsch und Dill ist erfahrungsgemäß der erfrischend-kühle Gurkensalat besser verdaulich.

7. Dill (*Anethum graveolens*)

Gottlob noch in den meisten Kräuterecken der Schrebergärten vorhanden – eine aus dem Orient stammende Würz- und Arzneipflanze, die ätherische Öle, Carvon, Terpen und Phellandren enthält. Dem Dill werden milchfördernde, krampfstillende und blähungstreibende Wirkung wie vielen Doldenblütlern (Anis, Kümmel, Fenchel) zugeschrieben, bei Gebärmutterbeschwerden soll er schmerzstillend sein. Getrocknet und frisch wird er in der Ernährung neben dem Borretsch – wie gesagt – bei den Gurken verwendet, vor allem zum Einmachen der Gewürz- und Essiggurken.

8. Dost (*Origanum vulgare*)

Den »bäuerlichen Verwandten« des Majorans könnte man den wildwachsenden, ja, selbst die rauhe Alpenluft nicht scheuenden Dost nennen – leider aber ein gänzlich vergessener Verwandter! Früher geschätzt gegen Regelstörungen, Onanie und übermäßigem Geschlechtstrieb ebenso wie bei Nasenschleimhautentzündungen, Stockschnupfen und Polypen (der Zusammenhang Sexualorgane – Nasenschleimhaut ist in neuerer Zeit mehrfach untersucht und bewiesen worden).

In der Küche ist er ein feines und sehr mildes Gewürz für Salate, Kartoffelgerichte, Getreidespeisen und die Pizza.

9. Estragon (*Artemisia dracunculus*)

Aus der Mongolei und Rußland stammend, wird er bei uns angebaut. Das Bittere seiner Familie (Wermutgewächs) ist bei ihm zum Aromatisch-Würzhaften gemildert. Man sagt dem Estragon speichelbildende und magenanregende Wirkung nach, auch soll er regelfördernd sein.

In der Küche gibt er ein feines Aroma für Salate, Beizen, Kräutersoßen und wird in der Senfbereitung ebenso verwendet wie für den bekannten Estragonessig.

10. Gewürznelke (*Caryophyllus aromaticus*)

Im Gewürznelkenbaum nun begegnet uns erstmals ein rein tropisches Gewächs; Sansibar und Ostindien sind heute bekannte Anbaugebiete. Die getrockneten Blütenknospen dieses Baumes enthalten einen hohen Prozentsatz des typisch aromatischen Nelkenöls, das sehr scharf schmeckt und früher ein vertrauter Geschmack beim Zahnarzt war! Das Öl wirkt gewebetonisierend, also auch magenanregend.

Als Nahrungszugabe finden die »Nägelchen« ihre Liebhaber bei Kürbis, Fruchtkompott, Glühwein und Lebkuchen ebenso wie zu Wildbraten und -soßen.

11. Ingwer (*Zingiber officinale*)

Es handelt sich um den Wurzelstock der in Ostindien heimischen Ingwerpflanze; getrocknet und pulverisiert im Handel. Ein ätherisches Öl von leicht kampferartigem Geschmack beinhaltend, ist Ingwer ein zuverlässiges Magenmittel – er ruft ein außerordentliches Wärmegefühl im Magen hervor – und ein altbekanntes Gewürz zur Stärkung der Geschlechtskraft.

Sei es als delikate Würze für das Birnenkompott, für den Kürbis oder das Stollengebäck, sei es Ingwerbier in England, dieses scharf aromatische Gewürz hat seinen Platz erobert und behalten. Sehr lecker sind die kandierten und die in Rohrzuckersirup eingelegten Stückchen, wie man sie überall kaufen kann.

12. Kerbel (*Anthriscus cerefolium*)

Der echte Kerbel – nicht zu verwechseln mit dem ungenießbaren Wiesenkerbel – ist eine südosteuropäische Pflanze, mit der Petersilie verwandt und wie diese ein beliebtes Küchenkraut. Er wird in der Volksmedizin als lebensanregend, harntreibend, menstruationsfördernd und schleimlösend gebraucht.

In der Küche findet er – frisch gehackt – Verwendung zu Suppen (die grüne oder Kerbelsuppe!), Salaten; er riecht gewürzhaft und schmeckt süßlich.

13. Knoblauch (*Allium sativum*)

Vermutlich aus dem Orient stammend, hat er anscheinend seit eh und je »zur Scheidung der Geister« geführt: Nach

v. Hahn kann man die Völker in Knoblauchverehrer und Knoblauchhasser einteilen! Und in der Tat erfreut er sich nach wie vor bei den östlichen und romanischen Völkern großer Wertschätzung, während die Deutschen zu den Knoblauchhassern gerechnet werden müssen.

Wem wäre nicht die Schaufensterwerbung mancher Apotheke oder Drogerie bekannt, aus welcher uns das arg verschrumpelte Gesicht eines sagenhaft alten Bulgaren bestätigen will, daß hohes Alter mit Knoblauchpillen identisch sei! – Die Baurechnungen von der »Großbaustelle ägyptische Pyramiden« geben Aufschluß, wieviel an Kosten für Rettiche, Zwiebeln und Knoblauch entstanden ist, und man vermutet heute, daß dem Verzehr dieser scharfen Sachen – mit ihren Bestandteilen an Senfölen – eine gewisse bakterientötende Wirkung zugeschrieben werden kann, was den Ausbruch größerer Seuchen unter den Tausenden von Pyramidenarbeitern mit verhindert haben soll. Diese Annahme hat seit der Entdeckung »antibiotischer« Substanzen in den Senfölen der Kresse (Tropaeoleum majus) z.B. an Realität gewonnen. – Der Knoblauch wird in Shakespeares Dramen ebenso erwähnt wie bei Pythagoras, der ihn gar als den König der Gewürze lobt.

Ein schwefelhaltiges und stickstofffreies, flüchtiges ätherisches Öl, ziemlich viel Jod, Phytohormone und Fermente, die die Sauerstoffnutzung des Gewebes fördern, sind die wichtigsten Inhaltsstoffe.

Verdauungsförderung, Entblähung, Entgiftung im Magen-Darmkanal, Anregung der Gallensekretion, günstige Beeinflussung der Darmflora, sogar vielfach berichtete gute Anwendungsergebnisse bei Amöbenruhr, Cholera, Typhus, Paratyphus usw. sind der »Steckbrief« dieser vielseitigen Droge. Als Wurmmittel ist sie nahezu spezifisch – ebenso, wie der über lange Zeit genommene Knoblauch bei Arteriosklerose und Bluthochdruck als zuverlässiges Mittel gelten darf.

174

In kleinen und kleinsten Mengen an den Salat (Endiviensalat insbesondere), aufs Butterbrot, zu Hülsenfrüchten. Bei Fleischspeisen, zum Beizen und Einpökeln, erfreut er sich trotz seines intensiven Geruchs eben doch großer Beliebtheit.

14. Koriander (*Coriandrum sativum*)

Obwohl im Inneren Asiens zu Hause, kam er über Italien nach Deutschland, wo die kleinen, kugeligen Früchte allgemein bekannt sein dürften. Sie enthalten bis zu einem Prozent ätherisches Öl, Pinen, Linalol, Coriandrol und etwas Fett.

Die blähungswidrige Wirkung steht neben der magenanregenden im Vordergrund – in größeren Mengen genossen kann Koriander allerdings Schwindel und Kopfweh erzeugen (Schwindelkörner!). Seine Verwendung als Brot- und Lebkuchengewürz ist weit verbreitet, selbst in der Likörfabrikation, als Essigfrüchte- und Weißbiergewürz ist er bekannt und beliebt. Vor allem war er – und ist es in kleinerem Umfang noch – wichtiger Bestandteil des Brotes, das die Bauern früher selbst buken, neben Kümmel und Anis. Und es darf wohl angenommen werden, daß die Bauersfrauen genau wußten, warum sie gerade diese Gewürze nahmen: Sie gaben nicht nur einen würzigen Geschmack – man konnte vielmehr auch gelegentlich ein Stück frischen, duftenden Brotes essen, ohne daß es gleich zu den heute vielbeklagten Blähungen führte.

15. Kümmel (*Carum carvi*)

Der als Gewürz wohl am meisten bekannte Kümmel schließt sich gut an den Koriander an, hat er doch mit diesem in der Verwendung manche Gemeinsamkeit. Wer auf dem Lande aufwuchs, hat ihn im Spätsommer gesammelt; in neuerer Zeit scheint es fast als würde sein Wachstum zurückgehen. Ob dafür – wie bei manchen Pflanzen – die starke Kunstdüngung als Ursache gelten kann?

Das ätherische Öl des Kümmels ist ein Gemisch aus Carven und Carvol; außerdem: Grünöl, Harz, Wachs. Seine blähungstreibende, menstruations- und milchfördernde, hustenreizlindernde Kraft ist zuverlässig. Neben Anis, Fenchel (zu gleichen Teilen) und etwas Pfefferminze bzw. Kamille ist er Bestandteil des »Vier-Winde-Tees«, vor den Mahlzeiten eine halbe Tasse getrunken. Verdauungsschwache und zu Blähungen neigende Menschen mögen nach dem Essen eine kräftige Messerspitze Kümmelpulver nehmen.

Als Brot- und Käsegewürz (Kümmelkäse) geschätzt – ja, sogar als Kümmelschnaps getrunken – soll er nicht mitgekocht, sondern erst den fertigen Speisen zugesetzt werden. Bei Kraut- und Wirsinggerichten (Blaukraut mit Kümmel) übt er nicht nur eine geschmacksverbessernde Wirkung aus, sondern – wie schon bei Borretsch und Bohnenkraut erwähnt – eine ausgesprochene Verdauungshilfe. Vorzüglich schmecken auch Rote Rüben mit Kümmel.

16. Lauch (*Allium porrum*)

Im Orient und Südeuropa wildwachsend, ist er eine uralte Würzpflanze; im alten Ägypten zeigten viele Grabfresken den Lauch, der dem Gott des Schlafes und der Finsternis dargebracht wurde. Hippokrates verordnete ihn zur Förderung der Harnausscheidung, zur Vermehrung der Milch, zur Beseitigung der Unfruchtbarkeit und zur Heilung der Schwindsucht. Aristoteles erwähnt ihn ebenso wie Plinius d.J.

Der Lauch ist reich an Eisen, Magnesium, Kieselsäure, Natron, Schwefel und Salpeter – stark basenüberschüssig. Es erklärt sich daraus zum Teil seine wassertreibende Wirkung ebenso wie die beliebte Anwendung bei Rachen-, Kehlkopf- und Luftwegeentzündung, bei Katarrhen; Leclerc empfiehlt bei Nierenentzündungen eine Suppe aus Lauch, Kartoffeln und Milch.

Als Zutat in Salaten, Suppen, Pilzgerichten und Fleischspeisen wird Lauch roh, gedünstet und gekocht verwendet. Beim Erhitzen mildert sich sein starker Geruch. Da ihn hauptsächlich die ärmeren Volksschichten aßen, nannte man ihn »Schusterflickerspargel«. In dem berühmten Eierkuchen »Soufflé picard« ist er enthalten; in Bauerngärten wird er viel angebaut, er ist ein ergiebiges und unempfindliches Gemüse, selbst Schneefall und Frost können ihm nicht viel anhaben.

17. Lavendel (Lavandula officinalis)

Trockene warme Hänge des Mittelmeeres liebend, wird der duftende und »lavendelblau« blühende Stock zur Parfümherstellung verwendet.; Lavendelwasser und Lavendelseifen sind so verbreitet, daß wir alle diesen Duft bestens kennen.

Pfarrer Kneipp hat das sog. Speiköl (Lavendelöl) mit zweimal täglich fünf Tropfen auf Zucker gegen Appetitlosigkeit, Schwindel und Kopfweh verwendet. Die Wirkung des Lavendels ist eine nervenstärkende, beruhigende, schlaffördernde – aber auch angenehm belebende, ohnmachtbekämpfende.

Um den starken Eigengeruch des Johanniskrautöls zu mildern, gebe ich gern 5 g Lavendelöl auf 95 g Johanniskrautöl, wenn es zur äußerlichen Verwendung (Einreibungen) gebraucht wird. Ratsam ist es, im Winter ein kleines Schälchen heißen Wassers aufzustellen und einige Tropfen Lavendelöl darin zum Verdampfen zu bringen; die Reinheit dieses Duftes übertrifft bei weitem die teilweise synthetischen Raumsprays. Früher haben die jungen Mädchen Lavendelduftkissen zwischen ihre Wäsche in den Schrank gelegt.

Frisch oder pulverisiert gibt Lavendel eine feine Würze zu Salaten und Kräuterbutter ab.

18. Liebstöckel (*Levisticum officinale*)

Unter dem Namen Maggikraut besser bekannt, soll er Bestandteil dieser verbreiteten Würze sein. Seine Heimat ist das persische Gebirge.

An Inhaltsstoffen sind bekannt: Ein gelber Milchsaft, ein flüssiges Balsamharz – das in reichlich Schleimzucker eingebettet ist –, ein ätherisches Öl, Eiweiß, Stärke, gummiartige Stoffe, Apfel- und Angelikasäure.

Magenschwäche und Dyspepsie gehören ebenso in den Heilbereich des Liebstöckels wie Nierenerkrankungen und Anregungen der Wasserausscheidung. Rudolf Steiner bringt ihn in Zusammenhang mit der Blutzirkulation des Gehirns.

Wurzeln und Blätter sind ein aromatisches Suppengewürz, an Tunken und Braten allgemein beliebt.

19. Lorbeerblatt (*Laurus nobilis*)

Die Stirn eines antiken Sängers oder Dichters wurde mit einem Lorbeerkranz geschmückt, er hat magisch-symbolische Bedeutung. Seine Heimat ist Kleinasien; der immergrüne niedrige Baum hat ledrige, glänzende Blätter und bräunlichschwarze Beeren. Etwa drei Prozent Lorbeeröl, Gerbsäure

und Bitterstoffe bedingten wohl seine frühe und weit ge-
steckte äußerliche und innerliche Anwendung bei Mensch
und Tier in den Mittelmeerländern.

In unseren Breiten kennt man das Lorbeerblatt – sparsam verwendet – an Fischgerichten, Sülzen, Essig- und Öl-
konserven (Essiggurkengewürz). Auch an Hülsenfrüchten ist
es in guter Erinnerung.

20. Majoran (*Origanum majorana*)

Der Orient und Nordafrika sind seine Heimat, bei uns wird
er in Gärten und Töpfen gezogen.

Er enthält 1 bis 1,5 Prozent ätherisches Öl, das Terpinol,
D- und A-Terpineol, Terpine und Kampfer.

Der Heilgewalt des Majorans sind besonders die Sexualorgane zugeordnet: Er soll die Empfängnis fördern und
menstruationsregulierend wirken. Ferner gilt er seit langem
als brauchbares Schnupfen- und Niesmittel und ist als solches Bestandteil des Hufeland- und St.-Anges-Niespulvers.
Als Gewürz schneidet man die ganze Pflanze von der Blüte
ab, hängt sie in Bündeln zum Trocknen auf und kann sie
später pulverisieren.

Zu Suppen, Gemüsen und Knödeln wird er gern verwendet. Etwas sehr Pikantes sind Majorankartoffeln.

21. Meerrettich (*Cochlearia armoracia*)

In Südosteuropa zu Hause, wird er bei uns in Gärten gepflanzt, wächst aber auch wild an feuchten und sandigen
Stellen. Der Gartenfreund weiß die vitale Kraft dieser Pflanze einerseits zu schätzen – andererseits wuchert sie auch räu-
berisch über das ihr zugemessene Beet hinaus!

Die Wurzel – um die es hier geht – enthält Sinigrin, ein Senfölglykosid, aus dem ätherisches Meerrettichöl abgeschieden wird; hoher Kali- und Schwefelgehalt, Eisen, ein bitteres Harz. Der Meerrettich ist ein enorm harntreibendes Mittel; wer einmal zuviel von ihm gekostet hat, kann dies sehr schmerzhaft an einem Brennen der Harnröhre verspüren.

Bei Magenschwäche, Schnupfen, Katarrh der Luftwege ist er angezeigt.

Sein im frischen Zustand hoher Vitamin-C-Gehalt, ebenso wie die Senföle, denen heute eindeutig bakterientötende Wirkung zugeschrieben wird (es sei an die Kapuzinerkresse erinnert), lassen die vorzügliche Einwirkung des Meerrettichs auf den Allgemeinzustand und auf die Abwehrkraft des Organismus verstehen.

Äußerlich wird er bei rheumatischen Schmerzen (hautreizend und dadurch ableitend auf die Haut) angewendet, Frostbeulen, Bienenstich, Schnittwunden, Katarrh und Entzündungen der Luftwege.

In der Küche reibt man ihn am besten zusammen mit einem Apfel, gibt eine Prise Zucker dazu, ein wenig Sahne und »entschärft« ihn damit. Zu Tunken und Fleischspeisen (Tellerfleisch mit Meerrettich) schätzt man ihn ebenso wie zum Einmachen von Gurken und rohem Sauerkraut, wo man zwischen die einzelnen Schichten Meerrettichstückchen geben soll, weil sich das Kraut dann »besser hält«. Das gleiche gilt für das Einmachen milchsaurer Gemüse.

22. Melisse (*Melissa officinalis*)

Auch Zitronenmelisse genannt, kommt sie aus Südeuropa. Von zitronenartigem Geruch und etwas bitterseifigem Geschmack, beinhaltet sie ein ätherisches Öl (Citral und Citronella), Harz, Gummi und Gerbstoff.

Wer kennt nicht den »Melissengeist«, dieses Universal-Hausmittel seit vielen Jahrhunderten? Auch der beliebte Likör Chartreuse enthält einen Melissenauszug. Die Hauptwirkung der Melisse dürfte eine nervenberuhigende sein. Sei es als Tee oder alkoholischer Auszug, ihre Anwendung ist weit verbreitet und in mancher Gegend das erste Getränk der Wöchnerinnen. Schon der Naturforscher Plinius (23 bis 79 n. Chr.) rühmt sie gegen Hysterie und Hypochondrie.

Melissengeist ist auch äußerlich bei Quetschungen und rheumatischen Schmerzen hilfreich; frisches, zerquetschtes Kraut kann auf Wunden gegeben werden. Zu Salaten, Suppen, Pilzgerichten, Eierspeisen, Kräuterbutter, zur Diätrohkost und an die Obstsuppe kann man diese bescheidene Pflanze nicht genug empfehlen.

23. Muskatnuß (*Myristica fragrans*)

Der Muskatbaum auf den Westindischen Inseln gibt die Samenkerne – und es ist ratsam, der zahlreichen Verfälschungen wegen, die ganzen Nüsse statt des Pulvers zu kaufen.

Der hohe Gehalt an ätherischen Ölen (Pinen und Myristicin) ist neben einem fetten Öl, der Muskatbutter, das Interessante an seinen Inhaltsstoffen.

Medizinische Anwendung: Nervöse, hysterische und krampfartige Beschwerden.

Anwendung in der Küche: frisch geriebene Muskatnuß zu Kartoffelgerichten, Suppen, Tunken, Gemüsen; auch in der Weihnachtsbäckerei (Honigkuchen!).

Die Muskatblüte oder Macis (getrocknete Samenhülle der Muskatnuß) entspricht in etwa der genannten Verwendung. Zu beachten ist: kleine und kleinste Dosen!

24. Paprika (*Capsicum annuum*)

Als Gewürz sind hier weniger die in den letzten Jahren bei uns sehr bekanntgewordenen grünen oder roten Paprika*schoten* gemeint, deren Verwendung in rohem oder gekochtem Zustand sich eingebürgert hat, sondern vielmehr die kleinen, äußerst scharfen Peperonifrüchte, aus welchen das uns geläufige rote Paprikapulver gerieben wird.

Ein Alkaloid Capsaicin, Capsacutin, ätherische Öle, Solanin und Harze weisen schon die Richtung in der arzneikundlichen Praxis: Innerlich als magenanregendes (stark schleimhautdurchblutendes) Mittel, auf die Darmbewegung anregend wirkend, bei Pfortaderstauung und Hämorrhoiden entstauend. Äußerlich ein Bestandteil hautreizender Salben oder Öle (Baunscheidöl!) zur Ableitungsbehandlung auf die Haut.

Als Gewürz in südlichen Ländern sehr geschätzt (Italien, Spanien, Balkan – viele ungarische Gerichte sind ohne den scharfen und rotfärbenden Paprika gar nicht denkbar!), ist er an Tunken, Soßen, Suppen (Gulaschsuppe), Gemüse, Fleischspeisen, Käse- und Reisgerichten beliebt und bekannt. Er ist in den Abstufungen süß, mild, scharf zu kaufen; eine Spitzenqualität ist der Rosenpaprika, der besonders scharf ist.

25. Petersilie (*Petroselinum sativum*)

In unseren Gärten hat dieses Würzkraut nach seiner Herkunft aus Südeuropa zweifellos eine zweite Heimat gefunden. Schnittlauch und Petersilie sind im kleinsten Kräutergarten ebenso zu finden wie auf dem großstädtischen Supermarkt; sie wurde zum obligatorischen Suppengewürz. An Inhaltsstoffen finden sich: 2 bis 7 Prozent ätherische Öle (vor allem in den Früchten), 20 Prozent fettes Öl, ein Glykosid Apiin, Mineralstoffe, Schleimstoffe, Zucker.

Die Wirkung auf die Magen- und Darmsäfte steht der harntreibenden kaum nach. Jedoch ist es gerade letztere, welche den Petersiliensamen besonders in Frankreich in hohem Ansehen bleiben läßt. Wegen der entzündungserregenden Eigenschaft des Petersilien-Kampfers (Apiol) ist jedoch bei Nierenentzündung Vorsicht geboten. In vielen Arten von Suppen finden Blätter und Wurzel Verwendung, zu Eier- und Kartoffelgerichten, Salaten, Fleisch- und Fischspeisen. Leider wird auf den Kalten Platten das Petersilienzweigchen zum Symbol-Grün degradiert, das nicht viel mehr als eine schmückende Komponente zum Schinken ausübt! Mehr davon wäre jedoch gerade hier so wichtig, und zwar zum Mitessen!

26. Pfeffer (*Piper nigrum*)

Der ostindische Pfefferstrauch liefert sowohl den schwarzen (an der Sonne getrocknete *unreife* Früchte) als auch den weißen Pfeffer (von den äußeren Gewebsschichten befreite und hierauf getrocknete *reife* Frucht). Im Handel finden wir sowohl gemahlenen Pfeffer als auch die ganzen Körner, am meisten geschätzt ist der Malabarpfeffer.

Ein Alkaloid Piperin, ein ätherisches Öl, Phellandren, Cadinen, Chavicin, Harz, Stärke und Mineralstoffe wären an Inhaltsstoffen zu nennen.

Was den medizinischen Gebrauch betrifft, so kannte ihn schon Hippokrates; Paracelsus unterschied zwischen Piperi und Peperi, zwischen schwarzem und weißem Pfeffer. Die starke Durchblutung, die er an Schleimhäuten hervorruft, läßt ihn zum Appetitförderer werden; er ist eine gute Verdauungshilfe, und mittels Pfeffer vermag man mehr zu essen als ohne ihn – bisweilen eine Gefahr! Vor Mißbrauch muß auch wegen evtl. Leberschädigung gewarnt werden; bei Nierenentzündungen ist völlige Enthaltsamkeit dringend angeraten. Indirekte Vorsicht ist geboten des starken Durstes wegen, den Pfeffer erzeugt und seinen Genuß verbietet, wo die Flüssigkeitsaufnahme einer Beschränkung unterworfen ist.

Zu Käse, Eierspeisen, Gemüsen, Salaten – der Pfeffer hat sich einen außerordentlichen Platz in der deutschen Küche gesichert, was davon zeugt, daß in allen, selbst den einfachsten Gasthäusern, Pfeffer neben dem Salz zum Hauptgewürz wurde. Pfeffer und Salz sind – was man teilweise bedauern muß – zum Inbegriff des Würzens geworden.

27. Rosmarin (*Rosmarinus officinalis*)

Südeuropa und der Orient sind seine Heimat, bei uns wird er in Töpfen gezogen, er ist also nicht winterhart. Die langen und heißen Mittelmeersommer geben ihm das feurige Aroma. Ein ätherisches Öl, Pinen, Cineol, Camphen, Borneol, Harz, Gerbsäure und Bitterstoffe sind an Einzelbestandteilen zu nennen.

Früher war es mehr die kultische Bedeutung, die dem Rosmarin Verehrung und Ansehen einbrachten. Und noch heute stecken sich in manchen Gegenden die Brautleute und deren Gäste ein Rosmarinzweigchen an.

Rosmarin wirkt nicht nur auf die Verdauungsorgane anregend, sondern auch auf den Blutdruck und die Durchblutung. Insbesondere findet er Verwendung zur Förderung der weiblichen Regel. Wir kennen den Rosmarinwein und das Rosmarinöl. Menschen, die dauernd frieren, ständig kalte Hände und Füße haben, sollten ein Rosmarinbad nehmen. Ich verwende in der Praxis das Öl sehr gern, wenn es sowohl darum geht, den Eigengeruch des Johanniskrautöls zu dämpfen als auch die wärmende und durchblutungssteigernde Kraft zu nutzen: 90 g Johanniskrautöl und 10 g Rosmarinöl mischen – vor Gebrauch schütteln.

Italienurlauber erinnern sich gern an Fisch- oder Fleischgerichte, die dort mit einem Rosmarinzweigchen zubereitet werden und sehr aromatisch schmecken. An Wildgerichten entfaltet Rosmarin eine geschmacksverbessernde Wirkung; Tunken und Salaten gibt er eine besondere Note.

28. Safran (*Crocus sativus*)

Die getrockneten Blütennarben des Safrans kommen vorwiegend aus Spanien und dem Orient.

Neben kleinen Mengen eines ätherischen Öls enthält der Safran zu 50 Prozent einen intensiven Farbstoff, das Crocin oder Safrangelb. Er wurde von alters her in der Heilkunde verwendet: Kleine Mengen gelten als stark erregend, nervenbelebend und krampfstillend. Safransalbe fand immer wieder Anwendung bei Brustdrüsenentzündung, Fingerwurm (Panaritium) und Gichtschmerzen. Als natürliches Färbemittel hat er an Bedeutung gewonnen, als das neue Lebensmittelgesetz synthetische Färbemittel (wie z.B. an der Butter) wegen krebserregender Eigenschaften verbot. Jede Hausfrau weiß: Safran macht den Kuchen gelb. Er besitzt aber auch einen angenehmen und lieblichen Geschmack.

29. Salbei (*Salvia officinalis*)

Aus dem Mittelmeer eingebürgert, enthält der Salbei ein ätherisches Öl (Salbeiöl) mit Pinen, Cineol, Thujol und Borneol. In der Heilkunde ist er seit langem der »kalte Bruder«

neben der heiß verwendeten Kamille bei Hals- und Rachen-
entzündungen der Mundhöhle, besonders des Zahnflei-
sches, heilt er vorzüglich – was ihm zu großer Popularität
verhalf. Salbeiöl ist Bestandteil vieler Arzneien gegen Hu-
sten, Heiserkeit, Bronchitis usw.

Seine schweißhemmende Wirkung läßt ihn zu einem
symptomatischen Mittel bei übermäßiger Schweißbildung
verschiedener Art sein. Er bessert sowohl die Schweißaus-
brüche der Wechseljahre als auch die Nachtschweiße Tuberkulöser – nicht jedoch die TBC selbst. Mit Salbeiblättern
würzt man pikante Tunken, Fisch-, Lamm- und Wildge-
richte.

30. Schnittlauch (*Allium schoenoprasum*)

Wohl die am meisten verwendete Frischwürzpflanze, als
Lauchgewächs bei uns so eingebürgert, daß sie auf Groß-
stadtbalkons im Hinterhof ebenso zu Hause ist wie in Bauerngärten als Wegeinfassung oder eingetopft in der Jungge-
sellenküche. Die Inhaltsstoffe decken sich weitgehend mit
denjenigen anderer Laucharten.

Schnittlauch regt Magen und Darm an, steigert den Appetit, ist milde bakterientötend und wassertreibend.

Auf dem Butterbrot, zum Quark und zu Eierspeisen ist er
ebenso ein erklärter Liebling wie in der Suppe, zu Salaten,
Tunken und Kartoffelgerichten. Er bedarf keines weiteren
Lobes.

31. Thymian (*Thymus vulgaris*)

Wiederum dem sonnenreichen Mittelmeergebiet zugehörig,
wird er bei uns in Gärten angebaut. Im Quendel haben wir

eine wildwachsende Form, die ähnlich verwendet werden kann (an sandigen, sonnigen Plätzen wachsend).

Das Thymianöl ist in vielen Hustenpräparaten und schleimlösenden Mitteln enthalten (Thymol) und gut bekannt! Pinen, Menthen und Borneol finden wir in ihm. Thymiantee und der Extrakt finden bei Keuchhusten Verwendung, auch bei anderen Erkrankungen der oberen Luftwege sind Thymianzubereitungen hilfreich.

Eine Kostbarkeit sind Bäder mit Thymian für drüsenschwache Kinder.

Und wer würde nicht vom Gaumen her den Thymian kennen, mit dem der Italienreisende bald beste Bekanntschaft macht – sei es an Fischgerichten oder an der Pizza. Aber ebensogut schmeckt sein Aroma an Salaten und Tunken; Fett macht er bekömmlicher.

32. Vanille (*Vanilla planifolia*)

Die schotenähnliche Frucht des zu den Orchideengewächsen gehörenden Kletterstrauchs – in Mexiko zu Hause – wird oft mit dem Prädikat, daß sie das feinste Gewürz liefere, ausgezeichnet.

Die Vanilleschoten enthalten bis zu 4 Prozent Vanillin, neben ätherischen Ölen und Harzen. Wichtig ist es, hier ganz besonders auf die Echtheit der Ware zu achten, da wie kaum bei einem anderen Gewürz Verfälschungen vorkommen.

Eine medizinische Verwendung ist außer der appetitsteigernden Wirkung nicht erarbeitet.

Kindertage werden jedoch in der Erinnerung wach, wenn wir an Vanillesoße und -pudding denken, an Vanilleeis oder auch -schokolade. Selbst die Likörfabrikation hat sich die Vanille zunutze gemacht.

33. Ysop (*Hyssopus officinalis*)

Aus Zentralasien und Südeuropa stammend, wird dieses Gewürz mit dem so fremdländischen Namen bei uns angebaut.

Ätherische Öle, darunter Pinen, Pinocamphen, Cineol und Thujon geben ihm seinen stark würzigen Geruch und den aromatisch-bitteren Geschmack.

In der Heilkunde gelegentlich verwendet bei chronischer Bronchitis, Asthma, Nachtschweißen Tuberkulöser (ähnlich dem Salbei).

Als Würze bessert er die Rohkost auf, an Soßen paßt er vorzüglich zu Tomaten.

34. Zimt (*Cinnamomum ceylanicum*)

Der Beiname sagt schon etwas über seine Herkunft aus Ceylon aus. Es handelt sich um die Rinde von Zweigen eines Baumes, der den Lorbeergewächsen zugeordnet ist. Wir kennen denn auch die Zimtröhrchen.

Ein ätherisches Öl, das Zimtöl, das sich aus Zimtaldehyd und Zimtsäureester zusammensetzt, ist wohl der wichtigste Inhaltsstoff neben Eugenol, Fafrol, Phellandren, Harz, Gummi und Gerbstoff.

Ehe wir das Mutterkorn – Secale Cornutum – im Arzneischatz kannten, war es sehr geläufig, Wehenschwäche und Gebärmutterblutungen während der Entbindung mit Zimt zu behandeln. Auch bei Durchfällen sehen wir einen Nutzen, also offensichtliche Wirkung des Zimtes auf die glatte Muskulatur des Körpers.

Zimtsterne in der Weihnachtsbäckerei sind ebenso populär wie Glühwein, der ohne Zimt nicht schmecken würde. Reisbrei mit Zucker und Zimt, Puddings, Kaltschalen, Kompott und Likör verdanken ihren besonderen Geschmack diesem lieblichen und zugleich feurigen Gewürz.

35. Zwiebel (*Allium cepa*)

Der Orient dürfte die vermutliche Heimat sein, auf der iranischen Hochebene wird sie seit uralten Zeiten angebaut. Über die Zwiebel könnte man allein ein dickes Buch schreiben, es würde nahezu eine Kulturgeschichte der Menschheit werden. Erinnern wir uns nur, was über den Knoblauch gesagt wurde, den Bruder der Zwiebel.

Das charakteristische schwefelhaltige Öl, Schwefelzyanallyl, Rhodanwasserstoffsäure, Fermente, sehr viele Mineralstoffe (Schwefel, Kieselsäure, Jod, Eisen, Salpeter, Kalium) und ein pflanzliches Hormon mit insulinähnlicher Wirkung sind wohl nur die wesentlichsten Bestandteile.

In der Volksheilkunde gilt die Zwiebel nahezu als Allheilmittel. Dioskorides schon rühmt die wassertreibende Kraft, die Zigeuner reiben schwächliche Kinder ganz mit rohen Zwiebeln ein; unsere Bauern machen teilweise noch heute bei Halsentzündungen Umschläge mit rohem Zwiebelbrei oder nehmen bei Bronchialkatarrh Zwiebelabkochungen. Zwiebelsaft mit Mandelöl vermischt ist bei Ohrenschmerzen und zuweilen sogar bei Ohrensausen wirksam.

Mehr und mehr werden bei uns italienische Gerichte oder die Balkan-Küche bekannt. Die meisten Speisen dieser Länder sind ohne Zwiebeln nicht denkbar. Die fetten ungarischen Speisen brauchen die vielen Zwiebeln unbedingt zur besseren Verdauung. Zu nahezu allen Fleischspeisen und den meisten Gemüsen, Salaten, Soßen paßt die Zwiebel – wenngleich wegen ihres durchdringenden Geruchs oft geschmäht! Zwiebelsalat mit Essig und Öl, gebackene oder gedünstete Zwiebel: Hier kennt die Fantasie des Kochs keine Grenzen.

Und mit »Z wie Zwiebel« sei der Reigen auch geschlossen, die arzneikundliche Führung durch den Gewürz- und Kräutergarten. In den meisten Läden, die auf Gewürze eingestellt sind – den Reformhäusern z.B. – bekommt man kostenlos eine Liste der gängigsten Gewürze mit kurzer »Indikation«, die man dann in der Küche aufhängen kann. Ein gutes Wort soll ferner dem Gewürzgarten geredet werden, zumindest einer Kräuterecke im Schrebergarten. Jede Gärtnerei wird einen im Anbau beraten und beliefern; und wer dort nicht bekommt, was er braucht, der schreibe an die Firma H. Bornträger in 67591 Offstein, die selbst ausgefallene Wünsche an Arzneipflanzen erfüllen kann.

Also: mehr würzen!

Wegen Gewürzen wurden schaurige und blutigste Kriege geführt, Länder erobert, Meere durchquert, Strapazen unglaublichster Art ausgestanden. Vor zweieinhalb Jahrtausenden führten die Handelswege der Sabäer und Phönizier bis in das Innere Asiens – fremdländische Gewürze als Ziel. Später schalteten sich die Griechen in den Gewürzhandel ein, im ausgehenden Mittelalter wurden die italienischen Städte Genua und Venedig Handelsschwerpunkte. Und wer würde sich nicht glanzvoller Namen wie Marco Polo oder Christoph Kolumbus erinnern, deren abenteuerliche Entdeckungsfahrten mit der Suche nach dem Reichtum der Gewürzländer eng verknüpft ist? Die Fahrten der Spanier und Portugiesen zu Beginn des 16. Jahrhunderts an die Küsten Südamerikas hatten das Auffinden der begehrten Gewürze zum Ziel. Es gab damals Zeiten, in denen bestimmte Gewürze mit Gold aufgewogen wurden – und Kolumbus wollte durchaus nicht Amerika entdecken, sondern den westlichen, näheren Seeweg zum Gewürzland Indien finden …

Die recht schauerlichen Gewürzkriege sind uns aus den Geschichtsbüchern bekannt, Namen wie Vaso da Gama und die Augsburger Welser ziehen an uns vorbei. Wegen Muskatnußbäumen und der Kultur der Gewürznelken wurden zahlreiche Eingeborene in den südasiatischen Ländern ermordet – es werden allein für die Inselgruppe um Amboina 65 000 Eingeborene, die getötet wurden, genannt. Die Gewürze hatten Zahlwert, und auf den Flüssen Rhône und Rhein wurde erstmals das Fahrtrecht in Pfeffer bezahlt.

Diese teilweise recht barbarischen und wilden Zeiten sind vergangen. Im offenen, weltweiten Handel ist es heute selbstverständlich, täglich von weither gekommene Gewürze auf dem Tisch zu haben. Möchten doch die Hausfrauen, die die eigentlichen Hüter der Gesundheit der Familien sind, mehr noch von der reichen Skala der Möglichkeiten Gebrauch machen! (Friedrich Nietzsche: »Die Vernunft beginnt in der Küche.«) Man kann heute unzählige Menschen beobachten, die fortwährend Enzympräparate zum Essen einnehmen, also selbst in jungen und mittleren Jahren über lange Zeiträume schon Verdauungshilfen einnehmen müssen. Das ist nicht richtig und meistens auch nicht nötig. Hier haben wir die Gewürze zur Lockerung der Verdauungssäfte, und wir sollten lernen, diese natürlichen Hilfen zu benutzen. Viele Kinder und alte Menschen kommen ausschließlich mit dem Symptom »appetitlos« in die Sprechstunde. Es sind nur wenige der Alten, bei denen wirklich Salzsäure- und Fermentpräparate gegeben werden müssen; in allen anderen Fällen soll man wissen, daß gewürzte Nahrung mit größerer Lust gegessen wird, besser bekommt und vom Organismus besser genutzt wird. Das Essen ist ein Teil der Lebensfreude und soll es – solange es mit Verstand und Maß geschieht –

auch ruhig sein. Wie fad schmeckt doch der Salat, den man in den meisten Gaststätten vorgesetzt bekommt! Mit Salz, Essig und Pfeffer ist vielfach schon die Kunst des Würzens erschöpft – und dieser Umstand ist wohl auch der Grund, daß die Rohkost von vielen als »Grünfutter« abgelehnt bzw. auch nicht vertragen wird. Wer sich die Kunst des Würzens zu eigen macht, kann sich manches Arzneimittel sparen!

Kuren mit Wildkräutern

*... noch gehört die Lehre von
der Diät nicht zu den Verpflichtungen
aller niedrigen und höheren Schulen ...*
Friedrich Nietzsche

Eine vorzügliche Möglichkeit, eine »Hauskur« im Frühjahr durchzuführen, ist die *Kur mit frisch gepreßten Wildkräutersäften.* Jedes grünende, sprießende Blatt – soweit nicht giftig – kann Verwendung finden. Da die Wirkstoffintensität in den Kräutern verschieden ist, hat sich aus der Erfahrung folgende Aufteilung ergeben:

50 Prozent Pflanzenanteil sollen immer auf die *große Brennessel* entfallen, dieses »gemeine Unkraut«, das selbst der Superstädter dank seiner lästigen Eigenschaft noch beim Namen kennt! Die andere Hälfte verteilt sich auf folgende Kräuter und Blätter – die Reihenfolge entspricht zugleich etwa der Menge, die genommen werden soll: Geißfuß oder Giersch, Spitz- und Breitwegerich, Zinnkraut oder Ackerschachtelhalm, Huflattich, weiße und rote Taubnessel, Sauerampfer, Lungenkraut, Scharbockskraut, Gänsefingerkraut, Brunnenkresse, Löwenzahn, Schafgarbe, Johanniskraut, Ehrenpreis, Frauenmantel, Hirtentäschel, Gänseblümchen, Gundelrebe, Odermennig, Kriechender Günsel, Bibernelle, Hopfensprossen, Bärlauch, Angelika oder Engelwurz, Waldmeister, Tausendgüldenkraut, Bitterklee, Wegwarte, Rainfarn, Eisenkraut.

Auch die frischen Knospen und Blätter von Birke, Ahorn, Buche, Eiche, Weißdorn und Holunder können Verwendung finden mit fünf bis einem Prozent Anteil. Überhaupt gilt auch hier: je vielfältiger und abwechslungsreicher, desto besser!

Beim Sammeln muß allerdings streng darauf geachtet werden, daß es nicht auf Wiesen geschieht, die mit Kunstdünger oder Jauche versehen wurden. Waldränder, Hecken, Brachland und Kieshalden sind ideale Sammelplätze, und auch der Städter muß keine allzu großen Reisen machen, um hier zu ernten, ohne gesät zu haben.

Am besten wäre es, die Kräuter *täglich frisch* zu holen, was aber nicht immer durchführbar ist. Einmal in der Woche – oder besser zweimal – sollten wir so und so »ins Grüne« und bringen bei dieser Gelegenheit möglichst viele Kräuter mit nach Hause. In sauberes Papier gewickelt (Plastiktüten eignen sich nicht wegen der Luftabschließung, denn die Kräuter kommen zum Schwitzen und welken rasch), tüchtig mit kühlem Wasser eingesprengt, bewahren wir unseren Vorrat im Keller auf Stein- oder Zementboden auf und versäumen nicht, ihn täglich neu mit frischem Wasser zu besprengen. So halten sich die Kräuter drei Tage und länger.

Nun kann es an das *Auspressen* gehen. In vielen Haushalten finden wir eine Saftschleuder, sei es, daß eine solche mit dem Mixer kombiniert ist, sei es, daß sie eigens zum Entsaften konstruiert ist. Wer kein solches Gerät hat, kann sich mit einer verzinkten Beerenpresse helfen oder einfach dadurch, daß er das ganze Grünzeug durch den Fleischwolf dreht und die Masse mit einem Leinentuch auspreßt; freilich ist dabei die Ausbeute geringer.

Zur *Verdünnung* wäre folgendes zu sagen: Grundsätzlich muß der gewonnene Kräutersaft verdünnt werden. Ein solches Konzentrat an Wirkstoffen kann man nicht pur zu sich nehmen. (Beim Honig ist es übrigens ähnlich: Viele Menschen klagen, daß sie beim löffelweisen Genuß von gutem Honig Beschwerden im Magen bekommen. Da kann man sich generell durch Auflösen in Tee oder Wasser helfen.) Am besten dürfte das Mengenverhältnis 1 : 5 sein, d.h. 1 Teil (EL) Saft und 5 Teile Verdünnungsflüssigkeit wie Quellwasser, Mineralwasser, Milch oder Buttermilch. Letztere sei besonders herausgestellt, weil sie nicht nur den sehr herben und bisweilen bitteren Geschmack der Wildkräuter am besten bindet, sondern zusätzlich durch ihren Milchsäuregehalt hohe Heilkraft besitzt. Die Verdünnung mit Fruchtsaft oder Süßmost halte ich (nach anfänglichen Versuchen) für ungeeignet, da zwei intensive und verschiedenartige Säfte nicht zusammengebracht werden sollten. Außerdem ist es eine Erfahrungstatsache, daß sich Obst und Gemüse schlecht zusammen vertragen (ausgenommen der Apfel).

Die *Dosierung:* anfangs nicht zuviel! Am geeignetsten dürfte die ansteigende Dosierung sein: Mit 2 EL Frischsaft pro Tag beginnen und wöchentlich einen mehr, bis zur normalen Tagesgabe von 6 EL. Natürlich kann bei besonderen und schweren Erkrankungen diese Menge wesentlich erhöht werden – jedoch nicht ohne fachkundigen Rat und besondere Verordnung bzw. Überwachung. Ich sah in verzweifelten Fällen schon Steigerungen bis zu 20 EL Tagesgabe, allerdings im Rahmen eines Naturheilsanatoriums.

Es darf bei dieser Gelegenheit nicht unerwähnt bleiben, daß, je höhere Mengen gegeben werden, desto intensiver auch Reaktionen und Krisen auftreten können. Am häufigsten kommt es wohl zu anfänglichen Durchfällen, was im Sinne einer gründlichen Reinigung vorübergehend gar nicht unerwünscht ist. Vermehrte Wasserausscheidung durch größere Flüssigkeitsmenge ist ohnedies eine normale Erscheinung; durch die spezifischen Kräuter kann es darüber hinaus zur »Ausschwemmung« kommen. Relativ häufig werden zunächst auch nesselsuchtähnliche Hautausschläge (Urti-

karia) mit kleinen, geröteten und erhabenen Pünktchen beobachtet, die vor allem sehr jucken. Dies hängt mit der zu
50 Prozent vertretenen großen Brennessel (Urtica dioica) zusammen. Kopfschmerzen, Zerschlagenheitsgefühl, Unlust
– das sind häufige Allgemeinsymptome, wie sie auch bei Fastenkuren vorübergehend in Erscheinung treten.

Man reduziere in solchen Fällen die Saftmenge oder stei-
gere zumindest bis zum Abklingen der Beschwerden nicht
weiter. Eine Heilkrise ist etwas Natürliches, Notwendiges,
Erwünschtes. Allerdings kann sie über das Ziel hinaus-
schießen, wenn man die Reihenfolge der Menge nicht be-
achtet, z.B. von dem in der Aufstellung ganz unten stehen-
den Holunder, der mit etwa 1 Prozent genommen werden
soll, ebensoviel nimmt wie vom Löwenzahn, wovon es gut
10 Prozent sein dürfen. In solchen Fällen kann es zum Er-
brechen kommen.

Bei Kindern ist die Dosierung auf die Hälfte angebracht.
Der berühmte Schweizer Arzt Bircher-Benner wies immer
wieder darauf hin, daß die hochkomplizierten Energien aller Pflanzennahrung *Sonnenlichtenergien* sind. Man kann ruhig sagen: Wir nehmen mit jedem Blatt und jeder Frucht
konzentrierte Sonnenenergie zu uns! Wenn wir dann auch
noch mit der wärmenden Frühjahrssonne unsere Haut be-
strahlen, dann haben wir nicht nur Hautpflege und Bräu-
nung, sondern eine ergänzende Ernährung des Gesamtorga-
nismus mit Lichtenergien!

Der Kraut- oder Kohlwickel

Ein altes, einfaches Bauernrezept ist der Kraut-Wickel oder -Umschlag oder die Kraut-Auflage. Ein vortreffliches äußerliches Mittel bei Wunden, Geschwüren, Venenentzündung, Insektenstichen, Gelenkentzündungen (freilich immer als »begleitende« neben den innerlich anzuwendenden Maßnahmen.

Am besten eignet sich ein Weißkraut- oder Wirsingblatt. Dieses wird gründlich warm gewaschen und die dicke Mittelrippe herausgeschnitten. Auf einem sauberen Tuch (nicht aus Kunststoffasern, am besten – wenn zur Hand – Nessel oder Leinen) wird mit einem Nudelwalker (es geht auch mit einer Flasche) der Saft herausgewalzt. Dann auflegen und mit einer elastischen Binde fixieren. Wirkt kühlend und kann öfter wiederholt werden und auch über Nacht liegenbleiben.

Das rote Johanniskrautöl

Es ist seit Jahrhunderten ein beliebtes Wund- und Brand-öl, das bei den Bauern im Regal griffbereit steht. Verletzungen aller Art und kleinere Verbrennungen sind vorzüglich damit zu behandeln.

Das gelb blühende Johanniskraut findet sich auf trockenen Plätzen und Kiesgruben, wo viel Sonne hinscheint. Es blüht ungefähr ab Johanni, also dem 24. Juni. Man sammelt die frischen Blüten und anteilmäßig ungefähr ein Drittel Blätter. Eine Handvoll genügt für einen drittel Liter Pflanzenöl, am besten gutes, kaltgepreßtes von Sonnenblumen. Beides kommt in eine helle Glasflasche oder ein Einweckglas hinein. Gut abdecken – aber nicht luftdicht verschließen und zirka drei Wochen an einen sonnigen Platz stellen, vor direktem Regen geschützt.

Das Öl färbt sich durch das helle Glas hindurch rubinrot, abseihen, fertig.

Man kann es auch einnehmen (innerlich):

1. bei Galle-Störungen (oder Stauungen) nach den Mahlzeiten 1 TL
2. bei depressiven Verstimmungen früh und nachmittags 1 TL; hier auch zweimal täglich 1 Tasse Johanniskrauttee, 1 TL Blüten und Blätter auf eine Tasse kochendes Wasser; zehn Minuten ziehen lassen.

Das Johanniskrautöl ist bei einfachen Leuten aber immer auch ein beliebtes *Einreibemittel:* Verstauchungen, Verrenkungen, Muskelkater, Rheuma, Gelenkschmerzen, Kreuzschmerzen. Zweimal täglich einreiben. Das vorzügliche Gelenkmittel kann man noch verbessern durch Beimischen von ätherischen Ölen wie z.B. Wacholderöl (Rheuma), Rosmarinöl (Durchblutung) und Lavendelöl, damit das Johanniskrautöl besser riecht.

Ein Vorschlag wäre, zu ca. 100 g Johanniskrautöl jeweils 10 g des betreffenden ätherischen Öls hinzuzugeben.

Bei *chronischen Beschwerden der Gelenke* macht man heute noch gern einen Ölwickel mit diesem roten Öl (unter dem Namen »Rotöl« kann man es, wenn man es nicht selbst ansetzen will, in der Apotheke und im Reformhaus kaufen). Ein Naturfaserlappen (Nessel, Baumwolle oder Leinen) wird mit warmem Öl getränkt, über Sprunggelenk (Fußgelenk), Knie oder Ellbogen gelegt, auch über das Handgelenk, eine Plastiktüte zum Abdecken genommen und das Ganze mit einer elastischen Binde befestigt. So kann er dann mehrere Stunden liegenbleiben.

Ölwickel dieser Art sind immer intensiver als eine bloße Einreibung mit Öl oder Salbe.

Die Arnikatinktur
(»*Arnikaschnaps*«)

Bei den Bergbauern ist bis heute der Arnikaschnaps sehr beliebt. Da die schönen gelben Blumen zu oft gepflückt wurden, stehen sie heute überall in den Alpen unter Naturschutz. In Lech/Vorarlberg (Österreich) besuche ich seit Jahren einen Bergbauern, der von seinen Vorfahren schon seine eigene Arnika »ansetzt«. Er hat genügend Bergwiesen, die für das Winterheu gemäht werden. Dort sammelt er dann die Blütenköpfchen ein und gibt sie in einen Obstschnaps (»Obstler«). In eine Dreiviertelliterflasche ca. 40prozentigen Schnaps legt er eine Handvoll Blüten, mehr als für die Herstellung im Arzneibuch für die Apotheken angegeben wird! Das bleibt dann einige Wochen stehen – mindestens vierzehn Tage. Dann kann man es abseihen (in einer dunklen Flasche lagern).

Arnikatinktur ist *das* Mittel bei Verstauchungen, Verrenkungen, Muskel- und Rheumaschmerzen. Man kann auch vor der Anwendung des Johanniskrautöls die Arnikatinktur einreiben und hat fast die doppelte Wirkung!

Jede Apotheke hat eine fertige Tinktur. Zu beachten ist, daß es auf Arnika allergische Reaktionen geben kann, es treten unter Umständen Hautreizungen auf. Auch Vorsicht, wenn man sehr weißhäutig oder rotblond ist.

Wacholderbeerenkur

Eine vorzügliche Blutreinigungskur ist jene mit Wacholderbeeren, die eine entgiftende Wirkung auf die Nieren hat. Pfarrer Kneipp hat empfohlen, mit zwei Beeren (kauen!) zu beginnen und die Dosis täglich um eine Beere bis auf zwölf zu steigern. Im Anschluß daran vollzieht man die Prozedur rückwärts, jeden Tag eine Beere weniger, bis man bei zwei die Kur beendet. Im Frühjahr und Herbst zu unternehmen. Nierenkranke müssen diese Kur meiden.

Die einfachen Mittel der Bauern und der Heilwert von Kraut und Kartoffeln

Das Kraut – vorwiegend ist das Weißkraut (im Norddeutschen: Weißkohl) gemeint – ein preiswertes Gesundheits- und Lebensmittel. Es wird heute weniger geschätzt als früher und insbesondere als in Kriegs- und Notzeiten. Lange Zeit war das selbsthergestellte Sauerkraut für die Wintermonate unentbehrlich. Man vergegenwärtige sich, daß auf dem Land früher Südfrüchte als Vitaminspender nicht üblich waren. Dank des Sauerkrautes, das roh gegessen und als Saft getrunken wurde, ließen sich manche Mangelzustände vermeiden. Durch seinen Zellulose- und Milchsäuregehalt regt es in besonderem Maße Appetit und Verdauung an. Es ist leicht verdaulich, weil es durch den Gärungsprozeß sehr gut aufgeschlossen wird. Sauerkraut bzw. Sauerkrautsaft verbessert das Blut, belebt den Stoffwechsel, regt die Magendrüsen an und ist wirksam gegen Darmträgheit.

Unser Darm bewältigt seine Verdauungsarbeit vornehmlich mit Hilfe von Gärungsbakterien. Die übliche Kost mit Fleisch, Wurst, Fisch und Ei verursacht aber im Darm die Entwicklung von Fäulnisbakterien. (Ein einziges Gramm Eigelb bildet ca. 200 Millionen Fäulnisbakterien.) Dominieren diese im Darm, so entsteht Stuhlverstopfung mit all ihren bekannten Folgeerscheinungen. Um dem entgegenzuwirken, ist es ratsam, sich des Sauerkrautes zu bedienen. Die ausgleichende Wirkung erzielt das Sauerkraut aber nur, wenn es roh genossen wird. Zerkochtes Sauerkraut ist diesbezüglich wertlos. Pfarrer Kneipp empfahl, bei Stuhlträgheit morgens nüchtern eine Tasse Sauerkrautsaft zu trinken, was auch gegen Sodbrennen hilft.

Es hat sich gezeigt, daß eine durch Antibiotika gestärkte Darmflora durch reichlichen Verzehr rohen Sauerkrauts recht gut wieder normalisiert werden kann. Da das rohe Sauerkraut neben den Vitaminen B und D. (letzteres ist besonders wirksam gegen Rachitis) auch einen hohen Gehalt an Vitamin C hat, ist es den ganzen Winter hindurch ein guter Vitaminspender. Berücksichtigt werden muß noch, daß das Sauerkraut reich an Mineralstoffen, Säuren und Basen ist.

Auf etwas anderes sei noch hingewiesen: auf *frischen Krautpreßsaft* bei Magenübersäuerung. In vielen Haushalten hat man heute Saftpressen, so daß ein viertel bis ein halber Liter Saft leicht hergestellt werden kann. Man versuche, Kraut aus biologischem Anbau zu bekommen, es ist bekömmlicher.

Sprechen wir über die *Kartoffel*. Ganz und gar ungünstig ist die Verschiebung unseres Speisezettels: Aßen wir 1955 noch 160 kg Kartoffeln pro Kopf und Jahr, so waren es 1985, also 30 Jahre später, nur noch 73 kg – weniger als die Hälfte! (Fleisch stieg hingegen in diesem Zeitraum von 46 auf 90 kg; Zucker von 27 auf 36 kg.)

Aber die Kartoffel! Leider hat sich hier auch noch etwas verschoben: zu viele Pommes frites, Chips in Tüten mit zuviel (und nicht dem besten) Fett – statt gedünsteter Pellkartoffeln. Sie sollten wie ein gutes Brot aus vollem Korn wieder mehr zu einem Grundnahrungsmittel werden. Kartoffeln sind – soweit nicht geröstet und/oder fritiert – ein basenbildendes Lebensmittel. Früher nahm man bei Magengeschwüren und Zwölffingerdarmentzündungen mehrmals am Tag ein Glas *rohen Kartoffelpreßsaft* zu sich – das schmeckt zwar nicht gerade gut, ist aber äußerst wirksam. Und auch heute noch kann man mit heißen Kartoffeln, mit der Schale gedünstet, in ein Leinenhandtuch gegeben und zerdrückt, eine vorzügliche Auflage machen, z.B. bei Ohrenschmerzen, ähnlich dem heißen Heublumensack.

Das Übergewicht

Aus fetten Kindern werden fast immer dicke Erwachsene – das stellt die Wissenschaft jetzt immer mehr heraus –, oft wird also auf diesem Gebiet eine Chance fürs Leben verspielt. Spätere verzweifelte Abmagerungsversuche bringen nie mehr das, was man sich wünscht. Aber: Dicke Erwachsene sind anfälliger für

- Zuckerkrankheit
- Bluthochdruck
- Arterienverkalkung
- Herzinfarkt
- Schlaganfall und
- sogar für Krebserkrankungen.

Übergewicht wird meistens von Müttern bestimmt: Die Anzahl der Fettzellen wird bei einem Säugling die letzten Monate vor der Geburt sowie in den ersten Lebensjahren entscheidend festgelegt. Menschen, die bereits als dicke Babys zur Welt kamen oder aber zu kugeligen Wonneproppen mit Speckröllchen hochgepäppelt werden, bilden eine größere Anzahl von Fettspeicherzellen als jene Kleinkinder, die mäßig ernährt werden. *Einmal gebildete Fettzellen bleiben aber das ganze Leben erhalten!* Das ist für Dicke eine ziemlich deprimierende Nachricht – Kindheitsversäumnisse sind auch hier schwer reparierbar. Um so wichtiger wird rechtzeitiges Nach- und Umdenken der Mütter. Frühzeitig handeln! Die sogenannte moderne Kinderernährung aus Gläsern, das

Gar-nicht-Stillen oder zu schnelles Abstillen, das frühzeitige Verfüttern von relativ fester Nahrung begünstigt die Überfütterung von Kleinkindern stark. Schon lange entscheidet nicht mehr das Kind mit seinen Instinkten und Steuerungsreflexen über Hunger und Sattsein, sondern die Mutter liest an Flaschen und Doseninhalt ab, wieviel das Baby noch essen und trinken muß. Teilstriche der Flasche und Anzahl der Spinatlöffel sind aber keine natürlichen, individuellen Maße!

Wenn man später schließlich schlank werden will, muß man zwei Wege beschreiten:

    1. weniger essen und
    2. sich mehr bewegen.

Wer sich auf anderes verläßt, ist verlassen.

An guten Sprüchen fehlt's uns nicht – wer aber befolgt sie?

Herden wissen, wann sie heim sollen, und gehen
dann aus dem Gras. Der Unkluge ahnt aber nie
seines Magens Maß.
Aus der »Edda«

Aus einem ägyptischen Papyrus, etwa vor 5700 Jahren: »Die meisten Menschen essen zuviel. Von einem Drittel dessen, was sie verzehren, leben sie, von den restlichen zwei Dritteln leben die Ärzte.«

30 Prozent der Gesamtbevölkerung sind jetzt übergewichtig.

Die Lebenserwartung wird aber schon bei 10 Prozent Übergewicht um 17 Prozent und bei 30 Prozent Übergewicht sogar um 50 Prozent verkürzt! 2 Prozent der Bevölkerung sind durch überkalorische Nahrung Diabetiker geworden. Die ernährungsabhängigen degenerativen Krankheiten haben in den letzten Jahren weiter zugenommen und machen nunmehr über 45 Prozent der Gesamtsterblichkeit aus. Wenn durch Verringerung der körperlichen Betätigung die Energieausgabe abnimmt, muß durch Einschränkung der Kalorienzufuhr die Energieaufnahme verringert werden. Eine ausreichende Zufuhr von Vitaminen und Mineralstoffen muß aber trotzdem gewährleistet sein.

Man muß die Eßgewohnheiten ändern:

- kleinere Bissen,
- länger kauen und
- nur in einem bestimmten Raum des Hauses essen!

In Österreich sind 70 Prozent der Frauen und 36 Prozent der Männer zu dick.

Wir werden zu fett durch zuviel Fett. Magerer leben und magerer werden!

Fernsehzeit: Knabberzeit. Tragen Sie erst gar nichts davon nach Hause. Es wird nichts gegessen, wenn nichts da ist.

Selbst wenn man zugeben muß, daß der Schlankheitsfimmel von jungen Mädchen zuweilen übertrieben wird: Übergewicht ist von Übel. Jedes fünfte Kind ist zu dick – jedes zweite Kind wird deshalb in die Sprechstunde gebracht, weil es ein schlechter Esser ist. Was stimmt da nicht?

Falsche Vorstellungen? Gesundes Kind ist gleich rundes Kind? Nein, ganz bestimmt nicht: Dickes Kind ist gleich anfälliges Kind. Fehlernährung kann zur Fettsucht führen bei nicht übermäßig vielem Essen: Die falsche Nahrung wird falsch ausgewertet, wird nicht verarbeitet – ein Teufelskreis!

Die wichtigsten Regeln bei Übergewicht

1. Weniger essen
2. *Das Richtige essen*
   a) Weniger Kohlehydrate
      (Weißbrot, Kuchen, Gebäck, Nudeln, Süßigkeiten);
   b) Weniger Fett
      Keine tierischen Fette mit Ausnahme von etwas But-
      ter, keine gehärteten Fette – dafür kaltgepreßte erst-
      klassige Öle aus Oliven, Sonnenblumen, Mais, Di-
      steln, Nüssen (billige Öle kann man sich nicht
      leisten!).
      Auch wenn gehärtete Fette Pflanzenfette sein sollen:
      Sie bauen sich im Organismus schlechter ab als Öle!
3. *Weniger Alkohol*
   Daß Bier ein Masttrank ist, kann man in Bayern leicht
   studieren. Viele Kalorien haben Schnaps und süße, womöglich noch bengalisch gefärbte Liköre. Wein in kleinen
   Mengen ist in dieser Hinsicht noch am günstigsten.
   Überhaupt: *Auf die Mengen kommt es an!*
4. *Weniger Salz*
   Salz schwemmt auf – es zieht Flüssigkeit an. Salzen ist
   Gewohnheitssache: Zunächst schmeckt ohne Salz alles
   nach nichts, später, wenn man es sich abgewöhnt hat, alles versalzen!
5. *Mehr Bewegung!*
   Trotzdem: Bergsteigen am Wochenende allerdings
   macht noch nicht schlank: Ein dreistündiger Aufstieg
   auf den Wendelstein kostet 600 bis 1 000 Kalorien – also einen halben Tagesverbrauch. Die Brotzeit und die
   halbe Bier schaffen dann wieder den Ausgleich.
   Trotzdem: Ohne Bewegung keine Verbrennung, ohne
   Verbrennung keine Kalorienverminderung! *Trägheit
   überwinden – laufen!*

6. Überwindung der seelischen Trägheit, der Interessenlosigkeit, der Wurstigkeit! Man sagt oft, dicke Menschen sind gemütliche Menschen: Es mag etwas daran sein, daß ihre gewisse Trägheit als Gemütlichkeit geschätzt wird. Nichts »auf die Drüsen« schieben (genauer Hormondrüsen) was einfach von falscher Lebensweise herrührt. Ganz selten sind die Drüsen schuld, wenn jemand Übergewicht hat.

Allerdings: Wenn man jahrelang ein viertel oder gar einen halben Zentner zuviel herumschleppt, versagen langsam, aber sicher auch die Drüsen.

Viele machen sich etwas vor, wenn sie behaupten, sie würden fast gar nichts essen.

Aktiv sein, aktiv werden!

Sich nicht gehenlassen: Schlanker lebt sich's leichter. Dicksein ist nicht lustig, auch wenn man über Dicke lacht! Ursachen suchen und Dicksein nicht schicksalhaft hinnehmen: Meistens gilt noch immer der Satz: Von nichts kommt nichts. Wenn Sie mittags müde sind: Haben Sie zuviel gegessen, haben Sie zu schnell gegessen? Wenn Sie schlecht geschlafen haben: Haben Sie abends zuviel gegessen, zu spät gegessen, mit schlechter Laune fernsehend gegessen, zuviel getrunken?

Kalorien–Joule–Tabelle

Tab. 2: Lebensmittel tierischer Herkunft

	100 g eingekaufte Ware enthält:	
	Joule	Kalorien
Fleisch und Fleischwaren:		
Schweinefleisch, mager	600	143
Schweinefleisch, fett	1 630	389
Rindfleisch, mager	725	173
Rindfleisch, fett	1 225	293
Kalbfleisch, mittelfett	390	93
Leber (Kalb)	575	137
Leber (Rind)	550	131
Schinken, gekocht	1 145	274
Speck, durchwachsen	2 530	605
Bratwurst	1 570	375
Leberkäse	1 135	271
Salami	2 190	523
Dosenwürstchen	1 000	239
Fleischkonserven (Rindfleisch)	975	233
Bratensoße (Pulver)	1 465	350
Reh (Rücken)	390	93
Wildgeflügel (Dose)	340	81
Ente	810	194
Gans	960	230
Huhn (Brathuhn)	450	107
Suppenhuhn	840	200
Truthahn (Puter)	700	168

| | 100 g eingekaufte Ware enthält: | |
	Joule	Kalorien
Fische und Fischwaren:		
Aal	875	209
Heilbutt	370	88
Hering (ganzer Fisch)	650	155
Hering (Filet)	930	222
Kabeljau, Dorsch (Filet)	325	78
Rotbarsch (Goldbarsch) ganzer Fisch	230	55
Schellfisch, ganzer Fisch	190	46
Seelachs, ganzer Fisch	240	57
Forelle (Bach-Regenbogenforelle)	220	52
Hecht	205	49
Karpfen	270	65
Aal, geräuchert	1 120	267
Bückling, geräuchert	610	146
Salzhering (Pökelhering)	420	100
Matjeshering (Filet)	1 190	285
Heringe in Soßen	1 120	268
Lachs in Dosen	710	170
Ölsardinen (nur abgetropfte feste Teile)	1 005	240
Thunfisch in Öl (feste u. flüssige Anteile	1 270	304
Krabben in Dosen	355	84
Eier:		
Hühnerei, St. ca. 57 g	350	84
Milch und Milcherzeugnisse:		
Kuhmilch, 3,5 % Fett (Vollmilch)	275	66
Kuhmilch (Roh-, Vorzugsmilch)	295	70
Teilentrahmte (fettarme Milch)	190	45
Entrahmte Milch (Magermilch)	145	35

	100 g eingekaufte Ware enthält:	
	Joule	**Kalorien**
Buttermilch	150	36
Kondensmilch, ungez. (7,5 % Fett)	570	137
Kondensmilch (10 % Fett)	760	181
Trockenvollmilch (Pulver)	2 090	500
Trockenmagermilch (Magermilchpulver)	1 550	370
Schlagsahne mit 30 % Fett	1 260	302
Sahne (Rahm)	530	127
Vollmilch-Joghurt	310	74
Joghurt aus entrahmter Milch	165	40
Eiscreme	860	205
Hartkäse, vollfett (45 % Fett i. Tr.)	1 550	372
Hartkäse, dreiviertelfett (30 % Fett i. Tr.)	1 170	279
Weichkäse, halbfett (20 % Fett i. Tr.)	815	195
Edamer Käse, fett (40 % Fett i. Tr.)	1 320	316
Doppelrahmfrischkäse (60 % Fett i. Tr.)	1 485	355
Camembert (45 % Fett i. Tr.)	1 255	300
Schmelzkäse, halbfett	875	209
Magerkäse, unter 10 % Fett i. Tr.	805	192
Speisequark, mager	370	88
Sahnequark (40 % Fett i. Tr.)	695	166
Öle und Fette (pflanzliche und tierische):		
Butter, Deutsche Marken-, Molkerei-	3 240	775
Margarine	3 180	761
Mayonnaise	2 130	509
Olivenöl	3 880	927
Schweineschmalz	3 960	947
Sonnenblumenöl	3 885	928

Tab. 3: Lebensmittel pflanzlicher Herkunft

	100 g eingekaufte Ware enthält:	
	Joule	Kalorien
Getreideerzeugnisse:		
Vollreis	1 550	371
Reis, poliert	1 540	368
Gerstengraupen	1 550	371
Haferflocken	1 680	402
Weizengrieß	1 550	370
Corn flakes	1 620	388
Eierteigwaren (Nudeln)	1 630	390
Weizenmehl Type 550	1 550	370
Maisstärkemehl	1 535	367
Roggenvollkornbrot	1 000	239
Brötchen (Semmeln)	1 160	278
Mischbrot (Roggen-Weizen)	1 055	252
Weizenvollkornbrot	1 010	241
Knäckebrot	1 590	380
Zwieback, eifrei	1 685	403
Biscuit	1 845	441
Kuchen i. D.	1 310	314
Bierhefe, getrocknet	1 440	344
Klare Suppen mit Einlagen je Teller = ca. 18 g Substanz	1 465	350
Gebundene Suppen mit Getreideerz. je Teller = ca. 20 g Substanz	1 610	385
Gebundene Suppen mit Hülsenfrüchten je Teller = ca. 22 g Substanz	1 650	395
Kartoffeln:		
Kartoffeln mit Schalen	285	68
Kartoffeln ohne Schalen	350	85
Kartoffelknödelmehl (je 100 g verzehrf. Zubereitung = 30 g Trockenprodukt)	1 400	335

	100 g eingekaufte Ware enthält:	
	Joule	Kalorien
Kartoffelpüree (trocken) (je 100 g verzehrf. Zubereitung = 15 g Trockenprodukt)	1 530	365
Pommes frites (erhitzte)	1 130	270
Hülsenfrüchte:		
Bohnen, weiße	1 460	349
Erbsen, gelbe, geschält	1 500	359
Linsen	1 480	354
Sojamehl, vollfett (Sojaflocken)	1 960	469
Süßwaren:		
Bonbons	1 630	390
Kakaopulver, schwach entölt	1 975	472
Pralinen	1 910	457
Schokolade (Vollmilch)	2 355	563
Bienenhonig	1 275	305
Marmelade	1 090	261
Zucker	1 650	394
Gemüse:		
Blumenkohl	70	17
Bohnen, grün (Schnittbohnen)	130	31
Chicorée	60	14
Endivie	55	13
Erbsen, grün	155	37
Feldsalat (Rapunzel)	70	17
Grünkohl (Braunkohl)	95	23
Gurken, ungeschält	30	7
Kohlrabi	75	18
Kohlrübe	120	29
Kopfsalat	40	10
Kürbis	85	20
Lauch	90	22
Meerrettich	165	40
Möhren, Karotten/Mohrrüben	120	29

	100 g eingekaufte Ware enthält:	
	Joule	Kalorien
Paprikafrüchte, -schoten	90	22
Radieschen	50	12
Rettich	65	15
Rhabarber	60	14
Rosenkohl	175	42
Rote Bete	120	29
Rotkohl (Blaukraut)	90	21
Schwarzwurzel	170	41
Sellerie	115	28
Spargel	65	15
Spinat	75	18
Tomate	75	18
Weißkohl (Weißkraut)	80	19
Wirsingkohl	100	24
Zwiebel	175	42
Petersilie, Blatt	155	37
Schnittlauch	230	55
Erbsen, grün (Konserven)	275	66
Tomatenketchup	450	107
Tomatenmark	210	50
Champignon	90	22
Pfifferling (Rehling)	60	14
Steinpilz	115	27
Steinpilz, getrocknet	1 185	283
Grüne Bohnen, getrocknet	1 370	328
Karotten, getrocknet	1 370	328
Kohl, getrocknet	1 485	355
Zwiebeln, getrocknet	1 415	338
Nüsse:		
Erdnüsse, geröstet und geschält	2 720	650
Haselnüsse ohne Schale	2 890	690
Mandeln ohne Schale	2 725	651
Walnüsse ohne Schale	2 950	705
Obst:		
Äpfel	210	50
Birnen	230	55

	100 g eingekaufte Ware enthält:	
	Joule	Kalorien
Kirschen, süß	240	57
Aprikosen	205	49
Pfirsiche	175	42
Pflaumen	245	58
Erdbeeren	150	36
Weintrauben	290	70
Ananas	125	30
Apfelsinen, Orangen	160	39
Bananen	275	66
Grapefruits	95	23
Zitronen	75	17
Trockenobst:		
Trockenmischobst i. D.	1 155	276
Äpfel	1 170	279
Aprikosen	1 280	306
Feigen	1 125	269
Pflaumen	1 040	249
Rosinen	1 135	271
Obstkonserven i. D.	350	84
Apfelkompott	330	79
Fruchtsäfte:		
Apfelsaft	190	46
Grapefruitsaft i. D.	125	30
Johannisbeersaft, schwarz	230	55
Orangensaft	200	47
Sanddornbeerensaft	110	26
Traubensaft	310	74
Alkoholhaltige Getränke:		
Weißwein, deutsche Lage	290	70
Rotwein, deutsche Lage	320	77
Vollbier, hell	195	47
Vollbier, dunkel	140	33
Malzbier, Malztrunk	220	52
Trinkbranntwein	1 045	250
Weinbrand	1 000	240
Eierlikör	710	170

Über den Stuhlgang

Fünf Grundregeln, damit dieses Thema kein Dauerthema wird:

1. Das wichtigste bei Verstopfung ist die Erziehung des Darms zur *regelmäßigen* Entleerung – also täglich morgens zu einer *bestimmten Zeit* auf die Toilette gehen, auch dann wenn man nicht unbedingt muß. Allerdings – lange Sitzungen und starkes Drücken sind auch nicht nötig – wenn es wirklich einen Tag mal nicht geht, geht die Welt nicht unter.

2. Es muß versucht werden, *alle bisher eingenommenen Abführmittel wegzulassen;* auch pflanzliche Medikamente und Tees führen zur Gewöhnung, zur ständigen Erhöhung der Dosis und nützen am Ende nichts mehr.
   Zum Übergang: Morgens ein bis zwei Eßlöffel Leinsamen (gleich in welcher Form, ob gemahlen oder ungemahlen, ob eingeweicht, gequollen oder trocken), abends ein bis zwei Eßlöffel Kleie. Bei Kindern auf keinen Fall mit Abführmitteln anfangen: eingeweichte Trockenpflaumen und Feigen, auch das Wasser, das süß und gut schmeckt, trinken lassen.

3. Morgens vor dem Aufstehen im Bett mit angezogenen Knien *einige Minuten Bauchmassage:* Eine Hand auf die andere zur Druckverstärkung legen und im großen Kreis um den Nabel im Uhrzeigersinn (Dickdarmverlauf!) sanft kreisend massieren.

4. Das wichtigste ist eine *schlackenreiche Kost.*
   a) Alle *Vollkornprodukte,* d.h. alle Getreidearten, die nicht voll ausgemahlen sind. Vollkorngetreidebrei, Vollkornbrot, Knäckebrot, Müsli mit Vollkornhaferflocken, Leinsamenbrot.
   b) *Alles Rohgemüse und alle Salate:* Spinat, Grünkohl, Blumenkohl, Kohlrabi, Blaukraut (Rotkohl), Sauerkraut, Weißkraut, gelbe Rüben, rote Rüben, Rettich, Sellerie, Fenchel, Bohnen usw. Die Fasern bewegen als Schlacken den Darm! Alle Salate, viel Rohkost, aber auch das gekochte Gemüse, sind für den Darm günstig.
   c) *Alles Obst,* evtl. auch Kompott, getrocknete Pflaumen, Aprikosen, ausgenommen Bananen.
5. Bei Verstopfung darf man nicht essen:
   a) *alle Arten von Zucker,*
   b) *alle Arten von Weißmehlprodukten* wie Weißbrot, Semmeln, Kuchen Gebäck, Teigwaren, Pudding, Grieß. Ferner Schokolade, Marzipan, Nougat. Auch schwarzer Tee, Rotwein und Kakao verstopfen.
6. In exotischen Ländern, in denen es keine Stühle gibt, hat der Mensch auch meist keine Stuhlgangprobleme, d.h., sitzen ist sehr ungünstig. Da Sekretärinnen z.B. das nicht unbedingt ändern können, muß man zu Hockgymnastik raten (Übungen in der Hocke, von flacher Rückenlage aus aufsetzen usw.). Das heißt also, alle Übungen, die die Bauchmuskeln spannen, sind günstig für den Darm.

Verstopfung ist ein Zivilisationsleiden.
Ungenügende Bewegung und Konservenkost haben viel
dazu beigetragen. Übrigens: Abführmittel sind keine
Schlankheitsmittel. Lassen Sie sich da nicht irreführen:
So einfach ist das nicht, daß man mit einem Abführmittel
überschüssige Pfunde verlieren kann.

Wie oft muß man normalerweise Stuhlgang haben? Die Meinungen gehen auseinander, doch die meisten sagen *einmal täglich, am besten morgens.*

Wenn ich meine Patienten in der Sprechstunde frage, ob der Stuhlgang normal sei, dann bejahen das nicht die Verstopften. Was ist aber außer dem »einmal täglich« noch normal und wichtig? Die Form: Fast noch wichtiger *als täglichen Stuhlgang zu haben ist es, einen geformten Stuhl zu haben.*

Auch wenn es ein Tabuthema ist, muß man der Wichtigkeit halber darüber sprechen: Eine Verdauung, die in Ordnung ist, zeigt sich u.a. in einem geformten, wurstförmigen braunen Stuhl. Der Darmexperte Dr. F. X. Mayr (Mayr-Trockensemmel-Milchkuren) hat ein Buch allein über die Wichtigkeit dieses Faktors geschrieben, und er hat gesagt, daß der große Klosettpapierverbrauch des Zivilisationsmenschen ein absolut sicheres Zeichen für seine geschädigte Darmflora ist. (Im übrigen verunreinigen sich auch Tiere wie Hunde, Katzen, Pferde, Ziegen, Schafe, Rehe und Hasen nicht bei der Darmentleerung, soweit sie gesund sind. Der Tierarzt erkennt geradezu die Darmerkrankung, wenn der Stuhl des Tieres schmierig und breiig ist.)

Also nochmals die Experten: »Ein normaler Stuhlgang ist wurstförmig geformt, mit abgerundeten Enden, infolge eines Schleimüberzugs an der Oberfläche glatt. Mangels Gasbeimengung geht er im Wasser unter und weist nur geringen Geruch auf.
Er darf weder auffallend übel noch auch säuerlich riechen, was Darmfäulnis bzw. Darmgärung anzeigt.
Die Entleerung des Stuhls wird vom gesunden Darm auf säuberlichste Weise vollzogen, weshalb merkliche Beschmutzung des Afters bereits auf Schädigung des Darmtraktes schließen läßt.«

Die heutzutage weitverbreitete Verstopfung ist im Gegensatz zum breiigen Stuhl von gesundheitlich geringerer Bedeutung, auch wenn sie für den Betroffenen recht lästig sein mag. Unter Hundertjährigen sind viele, die chronisch verstopft waren. Schwieriger wird die Sache erst dann, wenn im Wechsel damit immer wieder übelriechender, weicher Stuhl auftritt, was relativ häufig ist, besonders gegen Ende des Stuhlgangs. Ein stinkender Stuhl ist immer Folge von Darmfäulnis – oft durch zuviel Fleischeiweiß hervorgerufen. Ein breiiger Stuhl bedeutet, daß der Organismus fermentschwach ist, d.h. der Magen oder die Bauchspeicheldrüse oder die Leber-Galle zu wenig Verdauungssäfte produzieren. Es kann auch eine Schleimhautreizung oder einen Mangel an gesunden Darmbakterien (oft nach Penicillin- und Antibiotikabehandlung) bedeuten. Wie ist es mit dem Einwand: »Ich vertrage aber keine schlackenreiche Kost, ich vertrage kein Vollkornbrot, ich vertrage keine Rohkost (Gemüse, Salate), ich vertrage kein rohes Obst«? In den meisten Fällen kann man darauf antworten: Man verträgt es nicht, weil man es selten ißt! Alles ist Training und Übung: Wo soll der Verdauungsapparat die Säfte und Fermente für diese Nahrung hernehmen, wenn er sie kaum kennt? Es gibt da also nur eines: *Den Organismus langsam darin üben, den Fermenthaushalt trainieren. Mit kleinen Mengen täglich beginnen!*

Über Klistiere, Einläufe, und Darmbäder

Es ist ein Gesetz der Naturheilkunde, daß bei jeder Krankheit die wichtigsten Sofortmaßnahmen sind:

1. Bettruhe
2. Wärme
3. Darmreinigung
4. Fasten

Im *Krankheitsfall* wird also immer notwendig sein, den Punkt 3, die Darmreinigung, *möglichst schnell* vorzunehmen.

Mit Glaubersalz oder Rizinusöl kann man zwar im akuten Fall abführen – am schnellsten aber geht es mit dem Klistier oder dem Einlauf.

1. Das Klistier

Man kaufe in der Drogerie oder in der Apotheke ein einfaches Klistiergerät; es besteht aus dem Gummiball mit Hartgummieinsatz, Fassungsvermögen meist 100 bis 200 ccm. Das Hartgummirohr wird eingefettet (Vaseline, Hämorrhoidalsalbe etc.) und das Klistier durch Ansaugen mit Flüssigkeit gefüllt. *Was nimmt man?* Gewöhnliches Wasser, Kamillentee oder einen milden Abführtee (am besten eine Mischung aus Faulbaumrinde und Fenchelsamen zu gleichen Gewichtsteilen – ein bis zwei Löffel kurz aufkochen).

Die Temperatur soll körperwarm sein (Vorsicht: Nicht zu heiß machen!) – aber auch kalt (wirkt dann zusätzlich als Temperaturreiz) ist möglich. Klistiere sind einfach durchzuführen und auch bei Kindern eine dankbare Maßnahme.

2. Der Einlauf

Manche kennen ihn vom Krankenhaus her und von den Fastenkuren, während derer er eine wichtige Rolle spielt. Für den Hausgebrauch geht es so: Zu einer gewöhnlichen Gummiwärmflasche kann man in gut sortierten Drogerien einen Schraubgewindeansatz mit Verschlußhahn kaufen. Von der Wärmflasche wird der Verschluß abgeschraubt und das Schraubgewinde mit Gummischlauch und Ansatzrohr aufgeschraubt – und schon ist die Einlaufapparatur gebrauchsfertig! Gefüllt wird mit eineinhalb Liter Flüssigkeit (das gleiche wie beim Klistier), hier immer körperwarm. Nun wird die gefüllte Wärmflasche aufgehängt, damit ein Flüssigkeitsgefälle entsteht (Hahn am Hartgummirohr vorher schließen!), z.B. am Türhaken. Selbst begibt man sich in Knie-Ellenbogenlage, führt das eingefettete Darmrohr vorsichtig ein – und öffnet den Hahn. Wichtig ist jetzt, daß man nur jeweils kurze Zeit den Hahn geöffnet hält – sonst kommt die Flüssigkeit zu schnell in den Mastdarm, verteilt sich kaum und übt dort sofort einen starken Stuhldrang aus. *Also in Etappen öffnen, schließen, atmen, entspannen usw.* Mit Geduld schafft man die übliche Einlaufmenge von eineinhalb Litern. Wichtig ist jetzt, das die Flüssigkeit für $^1/_4$ bis $^1/_2$ Stunde behalten wird. Nach Ende des Einlaufs sich entspannt hinlegen, feuchtheiße Kompressen oder Wärmflasche auf den Leib. Bei der dann folgenden Entleerung wird man ganz erstaunt sein, was an Mengen von Stuhl und Stuhlresten herauskommt! Man kann dann, wenn die Hauptmenge entleert ist, noch durch eine leichte Darmmassage (im Uhrzeigersinn einen großen Kreis um den Nabel – linke Hand auf die rechte aufgelegt, mit sanftdrückenden Kreisbewegungen) nachhelfen.

Freilich sind Einläufe auf die Dauer nicht tagtäglich zu empfehlen, weil die notwendigen Darmbakterien zu sehr ausgespült werden. Aber bei drastischer Verstopfung, zur einleitenden Krankenbehandlung und während Fastenkuren sind sie unentbehrlich.

3. Das Darmbad

Es wird auch als subaquales Darmbad bezeichnet, setzt eine komplizierte Apparatur voraus und ist im Krankenhaus oder Sanatorium möglich.

So haben wir mit diesen Maßnahmen gute Möglichkeiten zur Gesunderhaltung unseres wichtigen Organs Darm.

Praktizierter Umweltschutz

1. Verwenden Sie *keinen bunten Zellstoff, gefärbte Papier-handtücher* oder *rosa Toilettenpapier!* Papier löst sich zwar im Wasser auf – *die Farbe aber bleibt übrig.* Ungebleichtes, graufarbenes Papier tut's für solche Zwecke ja auch – und der Umwelt ist geholfen.

2. Die *chemischen Reinigungen* hängen jedes Kleidungsstück auf einen eigenen *Drahtbügel und hüllen alles in Plastik.* Oft braucht man beides nicht und kann die Sachen über den Arm gelegt nach Hause tragen. Daheim belastet man die Mülltonnen ein Stückchen weniger.

3. Gebrauchen Sie nur *Gefäße, die sich rasch auflösen! Flaschen aus PVC setzen giftige Chlorgase frei,* wenn sie ver-brannt werden (es handelt sich um weiche Plastikfla-schen für Shampoo, Spülmittel und andere Haushalts-waren). Nach Möglichkeit benutze man besser *Papier und Pappbehälter.* Sollte man diese Möglichkeit nicht ha-ben, so werfe man wenigstens die PVC-Gefäße nicht so-fort nach dem ersten Gebrauch weg, sondern verwende sie mehrmals.

4. *Kaufen Sie keine Behälter, die man nicht zurückgeben kann!* Wir müssen – wenn unsere Kinder nicht im Müll er-sticken sollen – unsere Bequemlichkeit abbauen: *Die Mehrwegflasche muß sich noch mehr durchsetzen.* Man kaufe keine Mineralwasser und Säfte, bei denen die Glasfla-schen nicht zurückgenommen werden.

5. Glücklicherweise haben sich die *Altglas-Container* durchgesetzt. Heute, wo jeder ein Auto hat, sollte es

kein Problem mehr sein, wirklich jedes Glas zu sammeln und von Zeit zu Zeit an einem solchen Container vorbeizufahren.

6. Batterien können ebenfalls schon zu Sammelstellen gegeben werden – *keine Batterie gehört in eine Mülltonne*. Wegen des Quecksilbers sind sie gefährliche Umweltschädiger (Grundwasser!). Autobatterien nehmen alle Autowerkstätten an, Kleinbatterien häufig die Geschäfte, in denen man neue kauft.

7. *Aluminium ist ein kostbarer und nicht vermehrbarer Rohstoff:* Auch hier soll jeder Haushalt eine kleine Sammelschachtel haben, wo *Tuben* (Zahnpasta, Cremes etc.), die fast alle aus Aluminium sind, gesammelt und in die aufgestellten Container gegeben werden.

8. Selbstverständlich gehören *alte Autoreifen* weder in Bäche noch in die Landschaft. Einmal nimmt sie der Händler und zum anderen haben viele Kommunen Sammelstellen eingerichtet. Dasselbe gilt natürlich für altes Autoöl, das einer der katastrophalsten Umwelt- und Grundwasserverschmutzer ist.

9. Der Tankwart soll auch nicht den Benzintank derart auffüllen, daß etwas überläuft. Auch das bedeutet gefährliche Verschmutzung.

10. Überhaupt müssen wir – bei aller Liebe zum Auto – uns eingestehen, daß dieses Fahrzeug einer der gefährlichsten Umweltverschmutzer ist.
Jeder muß von sich aus handeln, ehe die langsame Bürokratie tätig wird: *Eisenbahn benutzen, Fahrradfahren, bleifrei tanken, Katalysator einbauen lassen, nicht über 100 bis 120 km/Std. fahren!* (Man wird zudem erstaunt sein, wie günstig sich die Tempobeschränkung auf den Geldbeutel auswirkt: Wenn man auf die Benzinverbrauchsanzeige schaut, merkt man sehr schnell, was sparsames Fahren heißt. Starkes Beschleunigen, rasantes Anfahren,

Vollgasfahren, zu hoch- oder zu niedrigtourig fahren – da geht die Zeigernadel schlagartig auf doppelten Verbrauch.)

11. Gründen Sie, falls Sie zur Arbeit fahren, eine *Fahrgemeinschaft*. Ein Wagen mit vier Menschen verursacht weniger Luftverschmutzung als vier Autos mit je einem Fahrer.

12. Können Sie wirklich nicht mit dem *Bus, der U- oder S-Bahn fahren?* Ich kenne in München viele Menschen, die es könnten und aus unbegreiflichen Gründen nicht tun. Lieber fahren sie zehn Minuten um vier Häuserblocks, um einen Parkplatz zu finden, als von den anderen Möglichkeiten Gebrauch zu machen.

13. Auch *Nichtrauchen ist praktizierter Umweltschutz. Rauchfreie Zonen* in allen öffentlichen Gebäuden sollten allmählich selbstverständlich sein. Auch sollte jedermann am Arbeitsplatz die Möglichkeit haben, gute Luft als Basis-Medikament überhaupt zu atmen – vor allem seitdem wir wissen, wie intensiv der Nichtraucher das Nikotin und die Teerstoffe aufnimmt.

   Die Raucher sollten keine Filterreste wegwerfen (Straße, Kanalsystem). Sie lösen sich schlecht auf.

14. Wir werden im eigenen Dreck ersticken, wenn wir nicht umdenken! Werfen Sie nicht alles, was Sie im Moment nicht brauchen, dort weg, wo Sie gerade stehen oder gehen. An so vielen Stellen sind *Papierkörbe und Aschenbecher* aufgestellt, und trotzdem beschäftigen wir ein Heer von Menschen, die unseren Abfall aufräumen. Hat es nicht auch etwas mit menschlicher Würde zu tun, daß wir diese Arbeit für andere auf ein Minimum beschränken?

15. Befürworten Sie in Ihrer Gemeinde oder in Ihrem Stadtteil die weitere *Mülltrennung*. Einige Städte haben schon die »braune Tonne« für alle *organischen Küchenabfälle*. Ohne große Umwege nämlich können diese Abfälle der

»Mutter Erde« wieder zugeführt werden, *Kompostieren heißt auch Einsparung von chemischen Düngemitteln.*

16. Düngen Sie den Garten biologisch: Algen-, Stein- und Hornmehl stehen neben vielem anderen zur Verfügung, und eine Reihe von Firmen bietet ein reichhaltiges Alternativprogramm an. Phosphate, ein Hauptbestandteil vieler chemischer Dünger, lassen See- und Flußalgen übermäßig gedeihen.

17. Auch bei den Waschmitteln sollte man *phosphatarme kaufen.* Große Illusionen darf man bei »biologischen Waschmitteln« nicht haben: Sie enthalten etwas weniger Chemie, sind aber nicht frei davon. Wenn irgend möglich, nehme man das gute alte Seifenpulver, eine relativ unkomplizierte Substanz. Von der überzogenen Rein- und Weiß-Waschmittelwerbung und der Grauschleierideologie soll man sich befreien. Auch *maßvolles Umgehen mit Waschmitteln* ist angezeigt: Ein Drittel oder ein Viertel weniger bedeutet ein Weniger an Ausgaben und ein Weniger an Wasserverschmutzung.

18. Apropos Wasser! Es gibt weniger, als wir denken. Verschwenden wir es nicht! Es gibt inzwischen sogenannte *Spar-Wasserkästen für Toiletten,* mit denen man verhindern kann, daß wegen jeder paar Tröpfchen Urin (von Kindern z.B.) gleich der ganze Spülkasten entleert werden muß. Informieren! Die Hersteller und Verkäufer mit diesen Wünschen konfrontieren! Bequemlichkeit überwinden!

19. *Man werfe nichts in die Toilette,* was man genausogut in den Mülleimer werfen könnte: keine Zigarettenkippen, kein altes Bratfett, keinen Kaffeesatz oder Teeblätter. (Die beiden letzteren eignen sich als Dünger.)

20. *Vorsicht bei Wegwerfwindeln!* Sie verstopfen Abflußrohre und Kläranlagen und können große Scherereien verursachen.

21. Ich weiß nicht, ob es richtig ist, *Umweltsünden anderer zu tolerieren:* Wenn man aber an Kaminen sieht, daß richtig *giftige Rauchwolken* auf die Dauer aufsteigen, soll man vielleicht doch einmal im Rathaus anrufen und darauf hinweisen. Ganz sicher wollen wir kein Volk von Denunzianten werden – aber alles hinnehmen?

22. Eine grobe Unsitte ist es in Großstädten geworden, daß einige von ihren *ausrangierten Autos* das Nummernschild abmontieren und den Wagen abmelden, das Wrack aber einfach stehenlassen. Polizei anrufen! (Bedauerlich ist auch, daß solch ein ausrangiertes Fahrzeug oft monatelang einen dringend benötigten Parkplatz wegnimmt.)

23. Eine noch längst nicht annähernd erkannte *Belästigung ist der Lärm:* Eine kommende Generation wird die Hände über dem Kopf zusammenschlagen, wenn sie Tonbänder unseres alltäglichen und allgegenwärtigen Lärms abhört. Ist es nicht skandalös, was sich heute *Motorrad- und Mopedfahrer an Lärm erlauben dürfen?* Hat hier die Freiheit nicht ihre Grenzen? Besonders ältere und kranke Menschen fühlen sich durch den Lärm geradezu terrorisiert. Sollte der Gesetzgeber hier nicht zum Einschreiten aufgefordert werden?

24. Das *Zuschlagen von Auto- und Garagentüren* geschieht häufig gedankenlos und mehrmals nacheinander. Kann dies nicht rücksichtsvoll geräuscharm vor sich gehen – *vor allem in den Abend- und Nachtstunden?*

25. Schutz in mehrfacher Hinsicht böten *verkehrsberuhigte Wohnstraßen* – Tempo 30 – mit eingebauten Stolperschwellen, um die Auto- und Motorradfahrer wirklich zur Tempoverringerung zu zwingen. Schilder allein nützen wenig. Mit dem zweiten Gang Vollgas lautstark durch Wohnstraßen zu rasen, sollte allen verleidet werden. Zudem würde man insbesondere Kindern und alten Menschen mehr Sicherheit und weniger Unfallgefahr bieten.

26. Eine Landplage ersten Ranges *sind die kleinen Privatflugzeuge und ihr Lärmpegel am Wochenende.* Reichen nicht schon die Linienflugzeuge und an Werktagen das Hinüberdonnern von Bundeswehrtiefffliegern? Kann man es noch verantworten in einer Welt voll von Lärm (und Energieknappheit außerdem) jedem, der es bezahlen kann, sein Flugzeug zu gestatten? Dasselbe gilt natürlich für die *Motorboote auf den Seen.*

27. Praktizierter Umweltschutz ist es auch, den allgemeinen *Lärmpegel zwischen 22 Uhr abends und 7 Uhr morgens so gering wie möglich* zu halten. Manche Menschen poltern um diese Zeit sorglos an ihre Mülltonnen, lassen das Auto im Leerlauf laufen und könnten das Radio und den Fernseher genausogut um eine Lautstärke verringern. Gedankenlosigkeit? Regt man sich immer nur über die anderen auf, die so etwas machen?

28. Eine *Riesenplage ist die Rasenmäherseuche!* Gar manchem Nachbarn wird sein ruhiger Samstagnachmittag, auf den er sich die ganze Woche über gefreut hat, vergällt. Ganze Wohnviertel surren nach Feierabend und am Samstag vor sich hin. Muß der Rasen wirklich alle acht Tage gemäht werden? Kann man da nicht wenigstens einen elektrischen anstatt einen mit Benzinmotor betriebenen Rasenmäher anschaffen? Oder wenn man gar eine sogenannte Naturwiese beläßt und sie nur zweimal im Jahr mit einem Balkenmäher mäht? Mehrere Nachbarn könnten sich gemeinsam einen solchen anschaffen, weil man ihn ja wirklich nur selten benötigt.

29. *Verbrennen Sie kein Laub!* Außer, daß es die Umwelt belästigt, ist es schade, wenn eine Natursubstanz nicht wieder der Natur zugeführt wird. Auch Kartons, die die Altpapiersammler nicht gern haben, weil sie sich schwer weiterverarbeiten lassen, kann man kompostieren.

30. Gott sei Dank hat sich das *Sammeln von Altpapier* sehr durchgesetzt. Keiner soll sich davor drücken, von diesen Einsparmöglichkeiten Gebrauch zu machen: Die Mülltonnen werden leerer, der Wald als Papierrohstoffquelle weniger beansprucht und das Grundwasser sowie die Luft durch die Papierfabriken ein wenig geringer belastet.

31. *Verzichten Sie auf einen Weihnachtsbaum* – auch wenn die Interessengruppen (Holzbauer und Holzhändler) einem immer wieder einreden wollen, daß damit kein wirklicher Baumverlust entsteht. Das mag schon sein, daß diese Bäume eigens dafür gepflanzt werden – wir werden aber in kürzester Zeit bereits um jedes Bäumchen froh sein, wenn das Waldsterben so weitergeht.
    Leider ist das von Gutmeinenden empfohlene Weihnachtsbäumchen im Pflanzkübel, das man nach Weihnachten wieder auspflanzen kann, kaum eine brauchbare Alternative. Mit Pflanzen kann man nicht machen, was man gerade will: Von der Dezemberkälte in die trockene und meist überheizte Wohnung und dann wieder hinaus in die Kälte – das hält so gut wie kein Baum durch.

32. Nehmen Sie ruhig eine *altmodische Einkaufstasche* oder die heute schon üblichen *Stofftaschen* zum Einkaufen. Laufen Sie nicht mit *fünf Plastiktüten am Freitagabend* nach Hause. Sollten Sie männlichen Geschlechts sein und entsprechend eitel: Dann stecken Sie zwei Plastiktüten in die Manteltaschen und verwenden Sie diese mehrmals, anstatt sich in jedem Geschäft eine neue geben zu lassen. So schont man die Umwelt und spart außerdem Kosten.

33. Verlangen Sie auch *gesundheitsfreundliche Nahrungsmittel!* Kaufen Sie ganz einfach keine Lebensmittel mehr, die mit Kunstdünger und Spritzmitteln zu jeder Jahreszeit hochgezüchtet werden können. (Das kann z.B. bedeu-

ten, keine Tomaten und Erdbeeren oder Trauben im Winter – denn es wird doch keiner glauben, daß man sie im Januar in holländischen Treibhäusern ohne hohen Einsatz von Kunstdüngern, giftigen Insektiziden, Pilz- und Schimmelbekämpfungsmitteln usw. usw. hochziehen kann.) Wenn die Händler und die Erzeuger durch unsere Nachfrage merken, daß sie sich umstellen müssen, werden sie das in den meisten Fällen – um eine Umsatzeinbuße zu vermeiden – auch tun.

34. Da man jetzt an allen Ecken und Enden merkt, daß es mit unserer Umwelt nicht so weitergehen kann, sollten wir auch unsere Kinder stärker auf die Wichtigkeit all dieser Dinge hinweisen. Die neue Generation kann einer breitangelegten Katastrophe von gar nicht voll überschaubarem Ausmaß nur durch radikales Umdenken und anderes Handeln entgehen.

35. *Bürgerinitiativen* haben in den letzten Jahren einiges bewirkt: Die Behördenbürokratie erfährt durch diese bisweilen eine positive Korrektur. Die *Proteste gegen Atomkraftwerke, größenwahnsinnigen Flughafen- und Autobahnausbau* – überhaupt gegen die Zerstörung und Verschandelung der Natur sind heute unüberhörbar. Je mehr der einzelne sich hier engagiert, desto größer wird die Wirkung sein.

36. Statt mehr Atomkraftwerke zu bauen, werden wir entschieden auf *umweltfreundliche Energien setzen müssen: Sonnen- und Windenergie,* wenn es die Eingriffe an der Natur zulassen, *auch mehr Wasserkraftwerke.* Man fragt sich als Laie manchmal, ob die Interessen der Großindustrie nicht zu allmächtig sind. Freilich kommt der Strom nicht einfach so aus der Steckdose – und es würde voraussetzen, daß jeder von uns mehr Energie spart, viel mehr noch nachdenkt, ehe er alles einfach anknipst, und auch ständig kontrolliert, ob nicht etwas ausgeschaltet werden kann.

37. Wer ein Haus baut, sollte *Sonnenkollektoren* einbauen lassen. Wissend, daß dies allein nicht ausreicht, ist es heute doch bereits eine zusätzliche Energie und hilft, die sündhaft teure Ölrechnung zu verringern.

38. Beim letzten Punkt soll angedeutet werden, daß wir beim Umweltschutz bereits *über die Erde hinaus* denken müssen: Wenn wir Spraydosen verwenden, gefährden wir den *Ozongehalt der Stratosphäre.* Es sind die Treibgase der Spraydosen, die dies bewirken – die Einstrahlung ultravioletter Sonnenstrahlen auf die Erdoberfläche wird dadurch verändert, die Gefahr von Sonnenbränden und Hautkrebs steigt an. Man überlege sich also gut, ob es eine Spraydose sein muß. Wieso sind wir eigentlich früher gut ohne solche ausgekommen? Im übrigen sei noch erwähnt, daß letztlich der *Stickstoffdünger ganz Ähnliches bewirkt: Auch er gefährdet den Ozonschild durch das entstehende Stickoxyd.* Wissenschaftler haben nachweisen können, daß dies keine Hirngespinste sind – wenn die riesige Stickstoffdüngung so weitergeht auf der ganzen Erde, dann könnte bald eine kritische Situation entstehen.

Wir werden, wenn wir unseren Nachkommen nicht eine ausgebeutete und chaotische Erde hinterlassen wollen, uns wieder an langlebige und reparaturfähige Gebrauchs- und Wirtschaftsgüter gewöhnen müssen!
Die Wegwerf-Gesellschaft ist an ihr Ende gelangt!
Umdenken – Neudenken!

Praktizierter Inweltschutz

W*as Sie nicht bedenkenlos, was Sie nicht über längere Zeit und was Sie nicht ohne absolut zwingenden Grund und kundige Beratung nehmen sollen:*

- Penicilline aller Art;
- Sulfonamide;
- Cortisone (auch Vorsicht mit Salben, die solche enthalten) und auch Hormone;
- chemische Schlafmittel;
- chemische Nerven- und Beruhigungstabletten;
- fiebersenkende Mittel;
- Schmerzmittel.

Man bedenke immer, was ein Medizinprofessor einmal sagte: Wirken tun die starken chemischen Mittel schon – ob sie aber auch immer helfen!? Hören wir dazu noch, was der Schweizer Arzt Dr. Max Bircher-Benner vor Jahrzehnten bereits meinte: »Viele moderne Therapien, vor allem die medikamentösen, spiegeln einen »kürzeren« Weg vor, auf den der Mensch so gern eingeht und dabei – den Weg verliert.« Und: »Die materialistische Epoche der Medizin hat wohl in manchen Richtungen große Fortschritte gebracht, in der entscheidenden Richtung, in der ursächlichen Therapie, hat sie versagt. Sie richtete die Aufmerksamkeit des Kranken auf eine Hilfe von außen durch chemische Substanzen, durch Medikamente, durch lebensfremde Zauberkräfte, durch Tun, Eingreifen – kurz die Macht anderer Menschen, vor allem des Arztes.«

Man vergesse also bei allen modernen Behandlungs-
methoden und bei aller Dankbarkeit gegenüber
starken Medikamenten in bedrohlichen Situationen
nie das eine: Da die Ursache der meisten Krankheiten
in einer falschen Lebensführung liegt, haben die
Heilmaßnahmen sich vor allem mit dieser
zu befassen!

Wichtig ist auch, *daß Sie sich nicht bedenkenlos oft röntgen* lassen. Es wird von vielen Ärzten heute scharf kritisiert, daß der Hausarzt eine Durchleuchtung veranlaßt, und wenn der Patient dann kurz darauf in eine Klinik muß, das gleiche nochmals durchexerziert wird. Hier wird immer noch sehr viel doppelt gemacht – auf Kosten der Gesundheit des Betroffenen (von der vielbeklagten Kostenexplosion auf dem Gesundheitssektor ganz zu schweigen!).

Mitreden, sich als Patient emanzipieren,
nicht alles hinnehmen. Da Sie Ihren Arzt oder
Heilpraktiker indirekt oder direkt bezahlen
(und das auch noch recht gut!),
haben Sie ein Recht, Fragen beantwortet zu bekommen,
Bedenken zu diskutieren und ihre Mitsprache anzumelden.

Zum Schluß einige Lebensregeln

Leben Sie kritischer – leben Sie gesundheitsbewußter. Nehmen Sie Ihre Gesundheit selbst in die Hand.

Lernen Sie folgende Wörter, damit Sie leichter aus dem Trott herauskommen:

»Nein, danke.«

»Bekommt mir nicht, vielen Dank.«

»Lieber nicht, dankeschön.«

Diese Redewendungen werden Sie brauchen,

- wenn Ihnen am Sonntagnachmittag wieder die dritte Tasse Kaffee aufgenötigt wird;
- wieder eine Zigarette angeboten wird, nachdem Sie vier Wochen vorher endlich aufhörten;
- Sie wieder eine fette Schweinshaxe essen sollen, obwohl Sie nach der letzten Gallenkolik davon eigentlich genug hatten!

Machen Sie es sich zur Gewohnheit, ohne schlechtes Gewissen und ohne Aggressionen schlicht und einfach, höflich und bestimmt etwas abzulehnen. Der Gefallen, den Sie jemandem tun, wenn Sie gegen Ihre Gewohnheiten verstoßen, ist ohnehin gering. Essen Sie schließlich aus purer Höflichkeit doch, was man Ihnen aufnötigt, und es bekommt Ihnen wie erwartet schlecht, wird man Ihnen trocken sagen: Ja, das hättest du doch selbst wissen müssen. Wir haben es ja nur gut gemeint! – Diese alten Zöpfe sollten also abgeschnitten werden. Ein für allemal.

Lachen Sie kräftig, wenn Ihnen jemand

- sagt, es gäbe ein Schlankheitsmittel – es gibt nichts, außer weniger zu essen und sich mehr zu bewegen;
- verrät, es gäbe etwas zum Abgewöhnen des Rauchens – es gibt nichts, als vielleicht kleine Kniffe, um einfach aufzuhören;
- weismachen möchte, es gäbe ein Mittelchen gegen das Alter – es gibt nichts, außer gesund zu leben!

Fallen Sie auch nicht herein auf

- Knoblauchpillen, die geruchlos sind;
- Sexpillen, die immer mehr versprechen als sie halten können;
- überhaupt Wunderpillen aus der Regenbogenpresse, die dem am meisten helfen, der sie Ihnen andrehen will! Er macht sein Geschäft damit – Sie sind immer der Dumme.

Resümee:
**Man kommt um eine gesunde Lebensweise
nicht herum. Je eher man das wahrhaben kann
oder will – desto besser.**

Nachwort

1. Das *Gesundheits-Interesse* der Bevölkerung ist gut.
2. Das *Gesundheits-Wissen* der Bevölkerung ist begrenzt.
3. Das *Gesundheits-Verhalten* der Bevölkerung ist schlecht.

Dieses Buch betrifft den Punkt 2.

Es möchte *das Wissen* um die Gesundheit vermehren. Daraus soll sich das *Verhalten bessern.*

Das Buch entstand nicht – wie sowieso zu viele – am grünen Tisch. In vierzig Jahren Naturheilpraxis dachte ich mir oft: Meine Patienten *sollen selbst wissen,* was sie *tun müssen.* Nach wie vor tut Aufklärung not. Es gäbe aber doch schon zu viele Gesundheitsbücher, und die Zeitungen und das Fernsehen strotzten doch geradezu vor Aufklärung? Schon, das ist mir nicht entgangen! Aber: Oft ist sie höchst *einseitig* und meistens auch noch mit vielerlei Profitinteressen verbunden. Allzu viele möchten Apparätchen, Mittelchen, Medikamente dabei loswerden. *Dieses Buch hier will Ihnen rein gar nichts verkaufen* – als eben Gesundheit. Und trotzdem hat es auch einen Haken: *Sie müssen selbst das Wesentliche dabei tun.* Sie selbst und nicht die anderen, Sie selbst und nicht all die Mittel und Apparate und Medikamente. Nach wenigen Tagen aber werden Sie schon merken, daß der Einsatz lohnt.

Zu danken ist meinen vorbildhaften Lehrern, vor allem dem Kneipparzt und Gesundheitslehrer Herrn Dr. med. Karl Schöner (früher Burgbernheim/Mfr.), Herrn Dr. med. Markus v. Guggenberg (Brixen/Südtirol), Frau Rosa Schmid

(Eresing/Obb.) und Herrn Josef Angerer (München). Bei allen habe ich in der Praxis erfahren, daß unermüdliche Aufklärung und Ermunterung zur Eigenleistung notwendig ist.

Es wird heute viel von Emanzipierung des Patienten gesprochen. Es wird viel geredet von Kostensenkung im Gesundheitswesen. Alle diese Praktiker haben dazu schon vor Jahrzehnten beigetragen – sie waren ihrer Zeit weit voraus.

Schließlich hat mich Frau H. R. Gabler-Almoslechner viele Jahre in der Einsicht bestätigt, daß die eigene Lebensweise ein wesentlicher Faktor ist.

Literaturverzeichnis

Angerer, Josef: *Krebsgefährdung durch unsere Nahrungsmittel,* Verlag Tibor Marczell, München 1985

Batt, Hugo: *Vegetative Ermüdung als pathogenetisches Prinzip – Die Synthese in der Medizin,* Humata-Verlag Harold S. Blume, Freiburg/Brsg. 1955

Bircher-Benner-Kochbuch – das führende Kochbuch für gesunde Ernährung, Bircher-Benner-Verlag, Bad Homburg 1974

Bircher-Ray, Hedy: *Wie ernähre ich mich richtig im Säure-Basen-Gleichgewicht?,* Humata-Verlag Harold S. Blume, Freiburg/Brsg. 1960

Bruker, M. O.: *Zucker und Gesundheit,* Verlag Schwabe & Co, Bad Homburg 1973

Buchinger, Otto: *Das Heilfasten,* Hippokrates-Verlag, Stuttgart 1957

Capital, Heft Mai 1976

Deutscher Sportbund, Frankfurt/Main, Literatur wie z.B. *Sport und Spiel für Ältere, o.J.*

Franke, Hans und Schmitt, Ignaz: *Hundertjährige,* Chem.-pharm. Fabrik Schwarzhaupt, Köln 1962

Gabler-Almoslechner, H. R.: *Gesicht – Angesicht – Antlitz und Künftige Tage,* beide Eigenverlag, Neuler 1957

Kretschmer-Dehnhardt, Lieselotte: *Die Ernährung des Krebsgefährdeten und Krebskranken,* Haug-Verlag, Heidelberg 1972

Mommsen, H.: *Gesunde Kinder durch vollwertige Kost,* Bircher-Benner-Verlag, Bad Homburg, o.J.

Palm, H.: *Das gesunde Haus – Unser nächster Umweltschutz,* Ordo-Verlag, Konstanz o. J.

Reckeweg, H.-H.: *Schweinefleisch und Gesundheit* in Zeitschrift für biologische Medizin, Heft 5, Baden-Baden 1977

Riemkasten, Felix: *Die Alexander-Methode – Bedeutung, Folgen und Abstellung der Haltungsschäden,* Haug-Verlag, Heidelberg 1959

Scharl, H. H.: *Die Organsprache,* Verlag Tibor Marczell, München 1988

Schultz, J. H.: *Übungsheft für das autogene Training,* Georg-Thieme-Verlag, Stuttgart 1950

Wirths, W.: *Kleine Nährwerttabelle der Deutschen Gesellschaft für Ernährung e.V.,* Umschau-Verlag, Frankfurt/Main 1995

Gala Naumova
Sibirische Heilgeheimnisse
Vom magischen Wissen der Taiga-Schamanen

In Sibirien, wo die Natur und die Welt unendlich erscheinen, hat sich eine Kultur erhalten, deren religiöse Grundzüge geeignet sind, die verlorene Empfindung für das Wunder und das Wunderbare wiederzugewinnen. Aus diesem Grund reist Gala Naumova in das »Zentrum der Welt«, um dort Schamanen zu begegnen, deren Heilkunst sie hautnah miterleben darf. Was sie dabei erfährt, ist nicht nur sensationell, sondern zeigt auch, wie einfach es sein kann, sich selbst und die Wunden der Erde zu heilen. In der uralten Heilkunst der Schamanen liegt der Schlüssel zu einer dauerhaften Gesundung von Welt und Mensch.

ISBN 3-404-70129-1

Jennifer Harper
Chinesische Heilgeheimnisse
Gesund durch sanfte
und natürliche Therapien

Im Gegensatz zur westlichen Medizin verfügt die traditionelle chinesische Medizin über einen ganzheitlichen Ansatz, den Menschen zu heilen. Jennifer Harper stellt diese Methode vor und hilft dem Leser, den eigenen Körper verstehen zu lernen, um Krankheitssymptome besser und schneller zu erkennen. Sie lehrt dabei die Beherrschung der Fünf-Elemente-Theorie sowie die Kunst der sanften und natürlichen Gesundung. Dabei wird auf alte Methoden wie Aromatherapie, Reflexzonenmassage und Akupressur genauso zurückgegriffen wie auf Meditation und die Kenntnis einer richtigen Ernährung, damit Körper, Geist und Seele zu einer Einheit verschmelzen – die letztlich keines Arztes mehr bedarf.

ISBN 3-404-70134-8

BASTEI
LÜBBE